Mythen der Völker tiefenpsychologisch gedeutet

Eugen Drewermann

Milomaki
oder vom Geist der Musik

Eine Mythe der Yahuna-Indianer

Walter-Verlag Olten und Freiburg im Breisgau

Die Farbtafeln:
Arnold Böcklin, Pan im Schilf, 1859, Bayerische Staatsgemälde-
sammlungen, Neue Pinakothek, München
Codex Borgia, Seite 21, Vatikanische Bibliothek, Rom,
Akademische Druck- und Verlagsanstalt, Graz
Maloka, Foto Fritz Trupp
Shiva Nataraja, Herr des Tanzes, Bronze, Madras, 10. Jh., Victoria and
Albert Museum, London

Umschlagbild:
Detail aus Arnold Böcklin, Amaryllis, 1866, Bayerische Staats-
gemäldesammlungen, Schack-Galerie, München

Satz: LibroSatz, Kriftel
Druck und Einband: Grafische Betriebe des Walter Verlages
Printed in Switzerland

ISBN 3-530-16951-x

Inhalt

Für Luise Rinser,
in deren Werk und Leben
Musik und Dichtung
eins sind.

Vorwort und Einführung

Dieses Buch schreibe ich als katholischer Theologe, also als jemand, dessen Pflicht es eigentlich sein sollte, die christliche Glaubenslehre auszulegen. Nur: was ist „die" christliche Glaubenslehre? 2000 Jahre lang haben wir Theologen sie so „ausgelegt" (und dadurch verändert), daß aus ihr eine eherne Waffe des Rechthabens, der „Orthodoxie" gegen alle „Andersgläubigen" – gegen „Heiden" und „Häretiker", Ketzer und Gottesleugner – geworden ist. Die Botschaft des „Menschensohnes" hat sich auf diese Weise nur in einem Feld der Gewalt, d. h. der strukturellen Inhumanität durchsetzen und erhalten können. Insbesondere den christlichen „Missionaren" erwuchs aus dieser Art von Theologie quer durch die Jahrhunderte die Aufgabe, den „Unglauben" der Völker mit dem Schwert aus dem Munde des erhöhten Herrn (Apk 19,11-16) niederzuschlagen und zu besiegen, um in die Dunkelheit und Finsternis der Sünde und der Herrschaft des Teufels das Licht der Wahrheit und der Gnade zu bringen. Schon *Arthur Schopenhauer* bemerkte bissig dazu, daß die Verbreitung des Christentums unter derartigen Voraussetzungen bislang wesentlich durch den Faktor einer relativen zivilisatorischen Überlegenheit zustande gekommen sei, bei Hochreligion aber, wie etwa dem Hinduismus, Buddhismus oder dem chinesischen Universismus (Konfutianismus, Taoismus u. a. m.), so gut wie keinerlei Erfolge habe zeitigen können[1]. Insbesondere gegenüber dem Islam wartet die christliche Botschaft inzwischen seit über 1200 Jahren auf eine Sprache, die sich im Gespräch mit einem gläubigen Muslim beim Reden von dem „Vater" Jesu Christi verständlich machen ließe.

Thomas von Aquin, der einen entsprechenden Versuch unternahm, scheiterte und mußte scheitern – seine „*Summa contra gentiles*" war schon dem Titel nach ein Werk nicht der Verständigung, sondern einer programmatischen geistigen Kriegserklärung. Das war vor fast 800 Jahren. Doch selbst Ende des 20. Jh.'s braucht es einen christlichen Dogmatiker offenbar immer noch nicht zu interessieren, welche Fortschritte etwa die Koran-Auslegung in den Schulen von Mekka, Kairo oder Fes derzeitig macht, und auch umgekehrt geht einen islamischen Mufti oder einen Imam, wenn er die Botschaft des Propheten auszudeuten sucht, die christliche Überlieferung ersichtlich kaum etwas an. Noch bis in die Gegenwart hinein macht es vor allem die *katholische Kirche* zur doktrinären Auflage ihrer Missionsarbeit, beispielsweise in polygamen Kulturen, wie im arabischen Raum, in der Südsee oder in Schwarzafrika, ihre Vorstellungen einer „höheren", weil gottgewollten, Moral der Einehe durchzusetzen. Den Erklärungen derselben Kirche zufolge ist die Familie der Ort, an welchem eine Kultur ihre grundlegenden Werte formuliert und reproduziert; wer sich an der Familie „vergreift", der zerstört auch nach katholischer Lehre die Wurzeln der Menschlichkeit. Doch genau das: die kulturelle Entwurzelung, die Zerstörung der „heidnischen" Grundlagen des Zusammenlebens, scheint nach den Anweisungen derselben Kirche immer noch die unabdingbare Voraussetzung dafür zu sein, als Angehöriger einer nicht-abendländischen Gesellschaftsform ein Christ zu werden. Selbst in einer Zeit, in der die Menschheit mit Riesenschritten einander entgegenwächst, sind wir in unserem theologischen Denken immer noch eher provinziell als universell. Selbst die besten Versuche, z. B. im Rahmen der „Theologie der Befreiung" die Gläubigen der Länder der „Dritten Welt" als Träger eines eigenen Weges zu Freiheit und Gerechtigkeit zu definieren, gelten erkennbar nur den „Christen" in diesen Ländern; und sie betreffen allenfalls die Verteilungsprobleme von Macht, Kapital, Arbeit, Konsumgütern, Ressourcen, Informationen u. ä., sie gelten keineswegs der Einsicht, daß wir unser eigenes theologisches Denken an dem religiösen Weltbild fremder Völker und Kulturen infragestellen, überprüfen, erweitern, neu formulieren sollten. Gerade diese Entdeckung aber steht uns bevor, wenn aus dem Christentum nicht einfach eine lokale, westeuropäische Sonderform des Religiösen werden soll, die bereits von der Entwicklung der Bevölkerungsstatistik zu einer schwindenden Bedeutung verurteilt wird: allein in Indien z. B. leben weit mehr Menschen als in ganz Afrika und Lateinamerika zusammen, und der Anteil der christlichen Bevölkerung dort liegt, von der christlichen „Insel" Kerala einmal abgesehen, weit unter 1%. Es führt kein Weg mehr an der Erkenntnis vorbei, daß wir in den verschiedenen Kulturen bis heute allesamt nur auf verschiedenen Wegen einen Teil dessen ausformen konnten, was an menschlichen Möglichkeiten in uns liegt; kein bisher entfaltetes Segment dieser Möglichkeiten kann beanspruchen, die ganze Wahrheit über den Menschen und die menschliche Geschichte zu kennen oder zu verkörpern[2]. Vielmehr ist es unerläßlich, die Begrenztheiten des eigenen Weges an der Andersartigkeit des Anderen zu erkennen und gemeinsam abzuarbeiten. Selbst wenn jemand glaubt, daß er als Christ an einer göttlichen Wahrheit teilhabe, die für das Heil aller Völker entscheidend sei, so wird er das, was für andere Menschen notwendig ist, doch nur so mitteilen können, daß es diese anderen Menschen in ihrer Eigenart erreicht. Was Jesus von Nazareth als der „Menschensohn" wirklich ist und bedeuten kann, läßt sich nicht länger mehr einfach durch Weitergabe der eigenen europäisch tradierten Glaubensformeln ausdeuten, es läßt sich nur erfahren durch die lebendige Einbeziehung all dessen, was menschlich auch ist und was wir also brauchen, um uns der Gestalt des eigenen Wesensbildes Schritt für Schritt an-

zunähern. Es ist nicht absurd, es ist ganz unumgänglich, von den Muslim, Buddhisten, Hindus u. a. zu lernen, was in der Botschaft Jesu als des Menschensohnes angelegt ist und was wir innerhalb der Begrenzungen der eigenen Kultur so (noch) nicht zu sehen vermochten.

Einem solchen Bemühen um ein universelles Lernen in Hörbereitschaft und Toleranz soll die vorliegende Interpretation eines indianischen Mythos gelten.

Als Theologe von der Religion einer „Primitiv"-Kultur zu lernen – das bedeutet heute wesentlich, von den *Ethnologen* zu lernen. Es ist ein bleibender Skandal, daß wir eine einigermaßen vorurteilsfreie und gerechte Sichtung der Ethnien nach Jahrhunderten christlicher Mission heute wesentlich immer noch nicht den „Sendboten" des Glaubens, sondern den Forschern des 19. und 20. Jh.'s verdanken, die sich in aller Regel von den Vorstellungen des Christentums weitgehend gelöst haben und hatten. Was, so ist immer noch die weitverbreitete Meinung, hätten wir auch von Völkern religiös zu gewinnen, die zu den Geistern getöteter Tiere beten, die weder lesen noch schreiben können und die materiell als die reinen Habenichtse gelten müssen? Offensichtlich kann man nicht gleichzeitig ein Volk „bekehren" und es in seiner Weisheit und Wahrheit kennenlernen wollen. Merkwürdig genug: dieselben Theologen, die sehr wohl wissen, daß man kein Buch der Bibel wirklich verstehen kann, ohne durch Archäologie und Religionsgeschichte die kulturelle „Umwelt" seiner Entstehung zu erforschen, kommen durchaus nicht auf den Gedanken, ja, sie halten ihn für einen Anschlag auf die Glaubensgewißheit der eigenen Überlegenheit, daß wir der Ethnologie und der vergleichenden Religionswissenschaft bedürften, um uns selbst als die Adressaten jedes Sprechens von Gott besser verstehen zu können.

In Wahrheit werden wir in dieser kleinen Untersuchung zu einer Erzählung kolumbianischer Indios Bilder und Mytheme kennenlernen, die den christlichen Glaubenssymbolen so verwandt sind, daß man ihre religiöse Evidenz nicht bestreiten kann, ohne zugleich die Grundlagen der eigenen Religiosität zu zerstören. Erinnerungen an eine geistige Welt melden sich zu Wort, wie sie vor mehr als 6000 Jahren im Neolithikum bestanden haben wird und wie sie in etwa den

Wurzelgrund aller späteren Hochkulturen gebildet haben dürfte. Immer wieder begegnen wir dabei uns selber. *Äußerlich* betrachtet, ist es eine pure Illusion, davon zu träumen, daß wir unsere oft als „lebensfeindlich" empfundene Kultur verlassen und zu den „Primitiv"-Völkern auswandern könnten; – selbst um ein Land wie Bangladesh oder Uganda zu besuchen, wird man als Europäer rund ein halbes Dutzend Schutzimpfungen brauchen, um die Normalität eines „Entwicklungslandes" hygienisch zu vertragen, – von einer Emigration zu Amazonasindianern, australischen Ureinwohnern oder zu den Bewohnern von Papua-Neuguinea ganz zu schweigen. *Seelisch* aber tragen wir all das in uns, was wir im Gewand einer fremden Kultur als „primitiv" bezeichnen, und wir bedürfen des Anblicks dieses „Fremden", um das Eigene in den Tiefenschichten unserer Psyche selber besser kennenzulernen. Manche Gedanken auch der europäischen Philosophie mögen uns bei der Deutung des Mythos der Yahuna-Indianer von dem Kult- und Kulturbringer Milomaki behilflich sein. Das Ziel dieser Interpretation aber ist erreicht, wenn wir den Punkt berühren, da uns die Wahrheit einer „fremden" Religion so gefangennimmt, daß wir spüren, wie sehr wir sie brauchen, um uns selber in den eigenen Überzeugungen besser zu begreifen. So viel ist sicher: die Religion der Menschheit von morgen wird von dem Geschehen des *Pfingstmorgens* ausgehen müssen, in dem ein jeder, wer immer er sei, im Sprechen von Gott seine *eigene* Sprache zu vernehmen meinte. Die verschiedenen religiösen Sprachspiele dürfen nicht länger mehr in Konkurrenz zueinander gesehen werden, sondern sie sollten als Teile einer gemeinsamen menschheitlichen Symphonie verstanden werden, der keine Melodie, keine Stimmführung, kein Satz fehlen darf, ohne daß die Harmonie des Ganzen in Gefahr geriete. Den vorliegenden Mythos der Yahuna-Indianer *religiös verbindlich* zu interpretieren, – das ist nur möglich in einer Form von Frömmigkeit und Menschlichkeit, die das bestehende Gefüge von Theologie so weit verändert, daß darin wieder Raum wird für die offene Erfahrungsbereitschaft von Poesie und Prophetie. Eine Art „Mission" also nach innen. Und auch eine Ermutigung, die „Verkündigung" des Glaubens als ein gemeinsames Hören auf Gott als den „Vater" aller Menschen zu „betreiben". Es wird immer wieder auch „Missionare" von der Art des *Fray Bernardino de Sahagun* oder des Padre *Ximenez* geben, die von Gott auf „aztekisch" oder „quiché-maya" zu sprechen versuchten; solche werden bemüht sein, mit den Muslim beten zu lernen, mit den Buddhisten sich zu versenken, mit den Hindus zu tanzen, mit den Indios zu singen und zu träumen. Ihnen vor allem, diesen Pionieren der Menschlichkeit, ist diese Arbeit in Dankbarkeit verbunden.

1. *Vom Interesse an einer indianischen Mythe*

Die folgende Geschichte entführt uns in die Wälder Amazonniens, zu einem Volk, von dem außer den Experten kaum ein Mitteleuropäer je etwas gehört haben wird: zu dem fast verlorenen Stamm der Yahuna-Indianer. Es geht ihnen wie den meisten Ureinwohnern des tropischen Regenwaldes heute: sie sind akut in ihrer kulturellen Identität und damit in ihrer Existenz gefährdet[1]. Denn die Kultur eines Menschen ist nicht ein Aperçu oder ein Annex seines Lebens, sie ist die Luft, in der er geistig atmet, sie ist der Raum, in dem er geistig lebt; wird er aus ihr vertrieben, so wird sein Leben heimatlos und hoffnungslos. Und so sehen wir inzwischen auch die Yahuna-Indianer durch Drogen und Alkohol gefährdet, indem die küsntlichen Rauschmittel die Erfahrungen von Glück und Freude ersetzen müssen, die vormals die Riten und die Feste, die Rituale und die Tänze, die Bräuche und Gebräuche des Alltags ihnen schenkten. Dabei gehört so wenig dazu, die materiell uns eher als armselig erscheinende, geistig aber zumeist hochkomplexe Kultur der Indios zu zerstören: es ist gar nicht nötig, ihnen Schnellfeuerwaffen und Metallbeile zu geben, mit denen sie sich gegenseitig töten und ihre Umwelt nach dem Vorbild der Weißen verwüsten, es genügt vollkommen, daß man sie z. B., aus welchen Motiven auch immer, daran hindert, ihre Hütten in der gewohnten Weise anzulegen[2], und damit das symbolische Band auflöst, das ein „primitives" Indianerlager in ein Abbild kosmischer Ordnung zu verwandeln pflegt. Alles im Leben dieser vermeintlich „Wilden" steht zueinander in einer lebendigen organischen Beziehung, und die Zerstörung auch nur eines unscheinbaren Details hat unter Umständen den Zusammenbruch des Ganzen zur Folge. Schon um die oft tödlichen Gefahren zu verringern, die in der Begegnung fremder Kulturen das bloße Nicht-Wissen und Nicht-Verstehen für die jeweils Schwächeren fast unvermeidbar mit sich bringt, erscheint es als nützlich und wichtig, sich mit den Vorstellungen von Menschen zu beschäftigen, die uns gerade in ihrer Andersartigkeit zu zeigen vermögen, wer wir selber sind, oder – mitunter – was wir sein müßten, um zu uns selber zu reifen. Warum überhaupt sollte es sonst Sinn machen, sich dem exotischen Reiz einer indianischen Mythe auszusetzen? Zu Recht hat *C. Lévi-Strauss* darauf hingewiesen, wie spannungsreich das Interesse an der Ethnologie im Einzelfall motiviert sein kann. Kann es nicht sein, fragt er, daß jemand „irgendwelchen weit entfernten und völlig andersartigen Kulturen" nur deshalb so viel Geduld und Eifer widmet, weil er gegenüber seiner eigenen Gruppe eine eher neutrale, wo nicht ablehnende Haltung einnimmt? „Ist er nämlich Missionar oder Verwaltungsbeamter, so darf man annehmen, daß er sich vollständig mit einer bestimmten Ordnung, meist seiner eigenen, identifiziert und daß er bereit ist, diese Ordnung zu fördern und zu verbreiten."[3] Der Beruf eines *Ethnologen* aber kann sehr leicht auf mangelnder Zugehörigkeit bzw. auf gewissen Vorbehalten gegenüber der eigenen Gruppe beruhen. Leicht entwickelt sich dann die Neigung, die Völkerkunde als ein ideologisches Mittel zur Kritik der eigenen Kultur zu verwenden und sich ebenso konservativ gegenüber dem Femden wie scheinbar renovativ gegenüber der eigenen Kultur zu verhalten. In diesem Falle ist klar: „Der Wert, den er der fremden Gesellschaft beimißt und der um so höher zu sein scheint, je exotischer die betreffende Gesellschaft ist, besitzt keine objektive Grundage; er stellt vielmehr eine Funktion der Geringschätzung, manchmal sogar der Feindseligkeit dar, die der Ethnograph für Sitten und Gebräuche seiner eigenen Umgebung empfindet."[4] Nur wirkliche Kenntnis einer Kultur kann das Flechtwerk projektiver Wunschträume und ideologischer Kontrastbehauptungen entwirren helfen. – So kann z. B. die vorliegende Mythe der Yahuna-Indianer dazu beitragen, die recht beliebte Theorie (oder These) von dem „Sündenfall" des *Patriarchats* einer konkreten Prüfung zu unterziehen. Was sind die Gründe für die Entstehung des „Patriarchats", worin besteht sein Sinn und wie gestaltet sich seine rechtliche und kulturelle Ausformung? Fragen dieser Art lassen solange keine wirklichen Antworten zu, als man das Urteil bereits vorweg zu kennen glaubt: der Machtwille der Männer trage die Schuld an allem Unheil der menschlichen Geschichte, oder es sei die Entstehung des Privateigentums gewesen, die den Bruch mit den seligen Tagen eines matriarchalen Paradieszustandes herbeigeführt habe. Die indianische Mythe von dem Kult- und Kulturheros Milomaki versucht u. a. gerade, die Herkunft des Patriarchats zu erzählen, aber sie hat durchaus nichts zu tun mit Männerwillkür und privater Herrschsucht.

Gleichwohl bleibt die Beschäftigung mit den „Primitivkulturen" verknüpft mit der „Sehnsucht nach dem Ursprung"[5], mit dem Zauber der „Erinnerung" an ein verlorenes Paradies, mit der „Suche nach einem Zustand", der, wie *J. J. Rousseau* sich ausdrückte, „nicht existiert, vielleicht nie existiert hat und wahrscheinlich nie existieren wird und von dem wir doch bestimmte Dinge wissen müssen, um unseren gegenwärtigen Zustand beurteilen zu können"[6]. In gewissem Sinne beschreibt die Mythe der Yahuna-Indianer gerade den „Sündenfall", der die Menschen aus der Einheit mit der Natur entläßt und hinüberführt in das Reich der Kultur, in die Ordnung der gegenwärtigen Menschenwelt. Aber was ist hier „Natur", was „Kultur"? Wer das „Natürliche" als einen historischen Urzustand beschreiben möchte, der übersieht, daß jeder Mythos als Erzählung an Menschenwort und Menschensprache

gebunden ist und daher nur von Menschen zu Menschen reden kann. Nicht historisch Gewesenes, sondern das als urmenschliche Erfahrung Gegenwärtige gewinnt in den mythischen Erzählungen Gestalt und Wirklichkeit. In gewissem Sinne ist es daher richtig, die Aufgabe des Mythos darin zu sehen, daß er in übergreifenden Bildern jene Einheit zwischen Mensch und Natur rituell wiederherstellen möchte, die am Beginn des Neolithikums, mit dem Beginn des Ackerbaus, für alle kommende Geschichte des Menschen zerfiel[7]. Der Mythos erinnert an einen Riß, der seither durch die Schöpfung geht, aber er hebt diesen Riß und damit den Abstand der Zeit zugleich auf, indem er ihn als gültige Ordnung gegenwärtig setzt. Auf der Suche nach dem „natürlichen Menschen" dürfen wir uns also weder in die Richtung einer phantastischen Vergangenheit noch in die Richtung einer phantasierten Zukunft bewegen. Denn: „Der natürliche Mensch ist der Gesellschaft weder vorausgegangen, noch ist er ihr äußerlich." „Die Erforschung dieser Wilden offenbart uns etwas anderes als einen utopischen Naturzustand oder die vollkommene Gesellschaft im Herzen des Urwaldes. Sie trägt", meint *Levi-Strauss*, „vielmehr dazu bei, ein theoretisches Modell der menschlichen Gesellschaft zu enthüllen, das zwar keiner der Beobachtung zugänglichen Wirklichkeit entspricht, das uns jedoch dazu verhilft, 'das Ursprüngliche vom Künstlichen in der heutigen Natur des Menschen zu trennen'." „Die anderen Gesellschaften sind wahrscheinlich nicht besser als die unsere, und selbst wenn wir dies anzunehmen geneigt sind, so können wir es auf keinen Fall beweisen. Wenn es uns aber gelingt, fremde Gesellschaften besser zu kennen, so verschaffen wir uns wenigstens die Mittel, uns von der unseren zu lösen, nicht weil diese als einzige absolut schlecht wäre, sondern weil sie die einzige ist, zu der wir Distanz gewinnen müssen. Dann wird es uns möglich sein . . ., . . . unsere Kenntnis fremder Gesellschaften zur Herausbildung jener Prinzipien des sozialen Lebens zu verwenden, die uns erlauben, unsere eigenen Sitten und Gebräuche und nicht die fremder Gesellschaften zu reformieren. Es ist nämlich ausschließlich unsere eigene Gesellschaft, die wir verändern können, ohne dabei Gefahr zu laufen, sie zu zerstören; denn die Veränderungen, die wir einführen, sind immer in ihr selbst bereits gegeben."[8] Mithin: Um im Fremden Abstand vom Eigenen zu finden und um im vermeintlich Fremden das Eigene um so deutlicher wiederzufinden, ist es lohnend und notwendig, vor allem um unserer selbst willen uns mit den scheinbar entlegenen Mythen entlegener Völker zu beschäftigen. Es hilft uns, Toleranz vor allem auch im Umgang mit den Regeln unseres eigenen kulturellen Systems zu lernen und damit die Schneisen für Flexibilität, Veränderung und humanen Fortschritt freizuhalten bzw. zu öffnen.

Wichtiger noch als eine solche Vermenschlichung der eigenen Kultur durch eine zunehmende Kenntnis fremder Völker und Religionen ist *zum zweiten* der Gewinn an Menschlichkeit im Umgang mit dem Fremden selbst, und dabei insbesondere gegenüber den sogenannten Stammeskulturen. Offensichtlich liegt die divergente Phase der menschlichen Entwicklung endgültig hinter uns, da die Ausbreitung des Menschen über ganz verschiedene Landschaftszonen hinweg in Jahrtausenden durch die Trennung des genetischen Materials verschiedene Rassen und durch die relativ selbständige Entwicklung der Völker sehr verschiedene Sprachen und Kulturen hervorbringen konnte[9]. Spätestens seit dem Beginn der Renaissance, ganz gewiß aber seit dem Beginn der Industrialisierung wächst die Menschheit unaufhaltsam zusammen, und es scheint zu den Überlebensbedingungen einer Welt von morgen zu zählen, den alten Exklusivitäts- und Absolutheitsanspruch der religiösen, ethischen und politischen Vorstellungen der eigenen Kultur oder Religionsgemeinschaft endgültig aufzugeben und an den unterschiedlichen Wegen der Kulturentwicklung anderer Völker zu lernen, was menschlich ist und zum Menschen gehört[10].

Insbesondere gegenüber den indianischen Kulturen gibt es eine wirkliche Wiedergutmachungspflicht angesichts der jahrhundertelangen Bemühungen der christlich-abendländischen Kultur um die physische und kulturelle Ausrottung all dessen, was in der Neuen Welt von Indianern hervorgebracht wurde. Genau besehen gab es in Mittel- und Südamerika eigentlich nur zwei große Beispiele, daß einmal ein Weißer, ein Christ, einem Indio, einem Heiden, zugehört hat. Das erste Beispiel lieferte *Fray Bernardino de Sahagun*. In einer Zeit, da die Spanier nach der Eroberung Mexikos die Götterstatuen, Tempel und Bilderhandschriften der Azteken so gründlich zerstörten und verbrannten wie nur möglich, war der Franziskanermönch nach Mittelamerika gekommen und begann nicht nur, die Sprache der Indianer, das Nahuatl, zu lernen wie seine zweite Muttersprache, er versuchte zudem im Verlauf von Jahrzehnten, aus den Häuptlingen und Priestern all das Wissen dieses scheinbar so fremden Volkes in methodisch-systematischer Weise herauszufragen, zu sammeln und aufzuschreiben. Es war die überragende Menschlichkeit dieses erstaunlichen Mönches, daß er sich sträubte, das Programm der christlichen Missionsarbeit durchzuführen: *acabar con el alma del Indio* – die Auslöschung der Seele der Indianer. *Sahagun* schickte seine umfangreichen Aufzeichnungen zweisprachig in Spanisch und Aztekisch an Karl V. Doch blieben diese „Relaciones" fast 350 Jahre lang absolut unbeachtet, bis sie von *Eduard Seler* um 1900 in ihrer Bedeutung wiederentdeckt und teilweise ins Deutsche übersetzt wurden[11]. Man war erstaunt zu sehen, wie *Pater Bernardino* bereits im 16. Jh. im Grunde die Verfahren moderner Ethnologie entwickelt und angewandt hatte; ja, man darf sagen, daß die Arbeiten dieses Mannes noch heute eine einzigartige und unschätzbare Quelle zum Verständnis einer sonst endgültig unverständlichen Kultur darstellen. Was aber ist von dem menschlichen Niveau einer Religion zu halten, die wie die christliche sich bis in die Gegenwart hinein weigert, die Überzeugungen fremder Völker und Kulturen auch nur kennenzulernen, geschweige denn mit ihnen in einen wirklichen Dialog einzutreten? Die absichtslose, nur um Verstehen bemühte Einstellung der Ethnologen erweist sich als menschlicher als der missionarische Eifer christlicher Theologen.

Ein zweites Beispiel bot Padre *Francisco Ximenez*, der 1688 mit 44 Jahren nach Guatemala kam und rasch verschiedene Maya-Dialekte lernte. „Im Jahre 1702 wurde er als Parochial nach Santo Tomás Chuila, in das heutige Chichicasténango, versetzt. – Die Unterwerfung des Landes, die Erdrosselung und Lebendverbrennung der Fürsten war kaum 180 Jahre her, die Indios lebten in Frondienst, wo nicht in offener Sklaverei. Padre Ximenez muß ungewöhnliche Charaktereigenschaften besessen haben. Denn es geschah das Unerhörte: man legte ihm den Text der ‚Maya Bibel' vor": das *Popol Vuh*, das „Buch *des Rates*". „Man kann nach alledem ermessen, welchen Akt des Vertrauens es bedeutete, wenn dem Ximenez Älteste der Gemeinde eine Handschrift ihrer heiligsten Überlieferung zeigten. – Ximenez war ein gutes Katholik und in den Begriffen seiner Zeit befangen. Aber er war ebenso gefangen vom indianischen Wesen." „Ximenez hat den Text getreulich kopiert, doppelspaltig schreibend, indem er dem links erscheinenden Quiché-Wortlaut rechtsspaltig seine spanische Übersetzung beigibt. Danach reichte er das Original den Besitzern zurück. Wir haben Anlaß, sein Vorhandensein in den Händen einer altadligen Quiché-Familie noch heute zu vermuten. Die Rückgabe dieses dämonischen Textes, der in die Hände der Inquisition gehört hätte, wirft ein helles Licht auf die moralische Qualität des Padre."[12]

In der Tat, wir müssen es zugeben: nach 500 Jahren der Zerstörung und der Verwüstung der indianischen Kulturen und Religionen im Namen des christlichen Sendungsbewußtseins und des europäischen Hungers nach Macht und Geld haben wir es erst noch zu lernen, auf Indios wirklich zu hören. *Padre Ximenez*, als er es versuchte, machte die erstaunliche Entdeckung, daß die indianische „Bibel" eine Reihe von Motiven enthielt, die auch das Christentum kennt. „Da gab es eine Weltschöpfung, wo die Götter sagten: ‚Erde!', und es bildete sich die Erde. Da gab es eine Sintflut. Da gab es den Raben, der ein neues Land zeigte. Da gab es eine Meeresdurchschreitung, wie die der Kinder Israels." Da gab es auch „den Kampf der Heroen mit den Herren der Unterwelt, ihren freiwilligen Opfertod, ihre Fischverwandlung, das Maiswunder und ihre hermaphroditische Himmelfahrt, die letzte Metamorphose in Sonne und Mond", m a. W. den ganzen Zyklus von Ereignissen, der auch der christlichen Erlösungslehre entspricht[13]. Bis heute hat die christliche Theologie, wenn sie von Offenbarung und Erlösung spricht, religionspsychologisch die Tatsache immer noch nicht gewürdigt oder wenigstens zur Kenntnis genommen, daß die zentralen Anschauungen der eigenen Glaubenslehre offenbar in der menschlichen Psyche tief verankert sind und immer wieder, unabhängig voneinander, zu den verschiedensten Zeiten und an den verschiedensten Zonen der menschlichen Kulturgeschichte aktiviert werden können. Der Unterschied zwischen „Heidentum" und Christentum kann, wenn diese Feststellung zutrifft, nicht länger auf der Ebene der Glaubenssymbole gesucht werden, er kann nur auf der Ebene der Deutung und der Anwendung dieser Symbole liegen. M. a. W.: was die „Christen" von den „Heiden" unterscheidet, ist nicht die Einzigartigkeit und Vortrefflichkeit ihrer Anschauungen und Lehren, sondern allenfalls ihre Lebensform. Darin hatte *G. E. Lessing* offenbar recht[14]; und die einzige Art, den eigenen Glauben zu verbreiten, dürfte nicht darin bestehen, die Menschen anderer Kulturen zu entwurzeln, um sie in dem Boden der eigenen Überzeugungen neu anzupflanzen; sie müßte darin liegen, einander so menschlich und gütig zu begegnen, daß es wechselseitig all die Bilder und Erfahrungen freisetzt, die in der menschlichen Psyche angelegt sind. Bis heute sind wir lediglich dahin gelangt, im Bereich der Ästhetik, nicht der Ethik, der Ethnologie, nicht der Theologie, einen Respekt voreinander zu gewinnen, der bei völliger Gültigkeit des Kanons der eigenen Ausdrucks- und Lebensregeln so etwas erlaubt wie Offenheit, Neugier, Lernbereitschaft, Anerkennung und Austausch des Gemeinsamen bei aller Verschiedenheit. Wir bewundern z. B. die Schönheit der Metallarbeiten aus Benin, der Tanzmasken aus Neuguinea oder der Muster der Tätowierungen auf der Haut indianischer Eingeborener; religiös aber geht für uns von all dem keine Botschaft oder Erkenntnis aus; wir erkennen literarisch durchaus, daß die Maori-Mythe von *Maui* und seinem Kampf gegen den großen Fisch[15] eine Fülle von Parallelen in der Literatur der Menschheit besitzt; doch zuzugeben, daß z. B. auch die christliche Vorstellung von dem Tod des Gottessohnes am Kreuz, von seiner Himmelfahrt und von seiner Gegenwart in dem Kult einer bestimmten Pflanze (christlich des Brotes) in den Religionsformen der Menschheit eine universelle Verbreitung besitzt, daran hindern uns heute noch starke dogmatische Vorbehalte und Vorurteile[16].

Dabei liegt ein Fehler der Betrachtung bereits darin, stets nur die höchsten Ausformungen und Differenzierungen einer Kultur mit denen einer anderen zu vergleichen. *Il n'y a que les montagnes qui ne se rencontrent pas* – es sind nur die Berge, die sich niemals begegnen. Um die innere Einheit und Verbundenheit der verschiedenen Religionsformen zu verstehen, muß man von den „Gipfeln" hinabsteigen in die „Täler" und den „Flußläufen" nachgehen, die zwischen den „Bergen" die unterschiedlichsten „Landschaftszonen" miteinander verbinden. Es ist sehr wichtig zu begreifen, daß die sog. „Primitivkulturen" die Ausgangsformen bestimmter religiöser Anschauungen weit getreuer und ursprünglicher aufzubewahren pflegen als die ausdifferenzierten Riten und Rituale der „Hochkulturen". Anders gesagt: die Ethnologie ist in anthropologischer Absicht von noch größerer Bedeutung als die Archäologie. Gewiß, es wird sich (zumindest mit den heutigen Mitteln) nicht mehr rekonstruieren lassen, was vor etwa 3000 Jahren z. B. in den amerikanischen Tropen vor sich gegangen ist, als durch die stürmischen Entwicklungen in Peru und Mexiko die Unterschiede zwischen den amerikanischen Kulturen sich auszubreiten begannen. Und doch findet *Lévi-Strauss* es zu Recht sehr merkwürdig, daß die soziale Organisation der Ge-Indianer im Süden Brasiliens „und sogar der Plan der Bororo-Dörfer südlich des Amazonas" „jenen Überresten verschwundener Kulturen zu gleichen scheinen, welche die Erforschung bestimmter prä-inkanischer Ablagerungen – wie jener von Tiahuanaco in Bolivien – zum Vorschein gebracht haben"[17].

M. a. W.: es kann durchaus sein, daß wir gewisse Anschauungen in einem Mythos der Amazonas-Indianer als Kommentar zu bestimmten Vorstellungen in Peru oder in Mexiko verwenden können und müssen und daß wir umgekehrt aus den Anschauungen der indianischen Hochkulturen gewisse Einsichten in die Vorstellungswelt der Indios an den großen Strömen des tropischen Regenwaldes Südamerikas gewinnen. Ja, es ist keine allzu verwegene Hoffnung, wenn wir

erwarten, daß sich in der Mythe der Yahuna-Indianer von dem Kult- und Kulturgründer Milomaki gewisse Ansichten erhalten haben, die am Beginn des Neolithikums menschheitlich verbreitet waren und sogar die eigenen, die christlichen Glaubenslehren, zutiefst mitgeprägt haben.

Es gibt, nicht zuletzt, ein *drittes* Argument, der folgenden Erzählung die größte Aufmerksamkeit zu widmen: es handelt sich um eine *Urzeitmythe*. Geschichten dieser Art wollen nicht ein Etwas der menschlichen Geschichte, sondern die Grundstrukturen jeder menschlichen Geschichte beschreiben[18]; ihrem eigenen Selbstverständnis nach handeln sie also allemal auch von uns selbst, so erkennbar eingeengt die konkreten Daten und Details der sozialen Gegebenheiten auch sein mögen, die durch den Mythos formuliert und konstituiert werden. Und wieder ist es eine Frage dessen, was man sehen und kennenlernen will: Wer bei der Interpretation der Mythe einer „Primitivkultur" sich wesentlich für die Besonderheiten der Sozialstruktur, der Ökonomie und der Rollenverteilung zwischen den Geschlechtern interessiert, der wird in jedem Falle das Unterschiedliche und Trennende zwischen den jeweiligen Völkern und Kulturen bemerken; wer indessen, entsprechend der Aussageabsicht der Urzeitmythen, seine Aufmerksamkeit eher der Frage zuwendet, welch ein Verständnis des menschlichen Daseins sich in der jeweiligen Mythe ausspricht, der wird bemerken, wie verwandt nicht nur die grundlegenden Ansichten über die zentralen Konflikte der Existenz in den verschiedenen Religionen und Kulturen einander sind, sondern wie groß die Verwandtschaft vor allem auch der symbolischen Ausdrucksmittel ist, in denen die Konflikte und ihre Lösungen dargestellt werden.

2. Die kulturelle und soziale Umwelt der Tukano

Die ökonomischen und sozialen Verhältnisse der Yahuna-Indianer lassen sich relativ rasch charakterisieren. Sie besiedeln die Ufer des Rio Apaporis, der sich direkt an der Grenze Kolumbiens mit dem Rio Caquetá verbindet und auf brasilianischem Gebiet als Rio Japurá weiterfließt. Ethnisch gehören sie zu den Tukano, die in Nordost Peru und Südost Kolumbien eine eigene Sprachfamilie bilden[1], kulturell gehören sie zu den ackerbautreibenden Stämmen des tropischen Waldlandes, als deren typische Vertreter die Aruaks gelten, die zur Entstehung der Pflanzerkultur in Amazonien „wohl die wesentlichsten Elemente beigetragen haben"[2] und in deren Nähe die Yahunas leben. Angepflanzt wird vor allem der bittere Maniok, daneben Bataten, Erdnüsse und Mehlbananen. „Im Gegensatz zum süßen Maniok sind die Knollen des bitteren Manioks überaus giftig und enthalten Blausäure. Die Nutzbarmachung dieser Pflanze als Nahrungsmittel gehört zu den großen kulturellen Leistungen der Tieflandindianer und machte für viele Stämme ein Überleben im Urwald erst möglich. Die giftigen Knollen werden zuerst auf einem mit Steinsplittern versehenen Reibbrett oder auf einem großen Steinstück zerrieben. Mit Hilfe eines kunstvoll geflochtenen elastischen Schlauches wird dann der giftige Saft ausgepreßt. Jetzt kann die breiige Masse zu einem scheibenförmigen Fladenbrot gebacken werden. Die Frauen bringen täglich bis zu 6 Stunden damit zu, dieses casabe herzustellen."[3] Daneben liefern „Jagd und Fischfang … die notwendigen Proteine. Die Jagd wird zum Teil noch in traditioneller Weise mit dem Blasrohr und vergifteten Pfeilen" durchgeführt[4], wie denn der nordwestliche Einzugsbereich des Amazonas, der Lebensraum der Tukano, noch relativ unberührt ist: In der Trockenzeit, wenn „die Flüsse fallen, ist das Reisen auf den Wasserwegen sehr beschwerlich, da die Stromschnellen und Katarakte zu gefährlichen Hindernissen werden."[5]. „Nach dem Ende der Regenperiode im Dezember versiegen die *igarapés*, die winzigen Rinnsale der Nebenflüsse des Vaupés, und es ist dann unmöglich, mit Einbaumkanu, Außenbordmotor und Ausrüstung die Wasserscheide zwischen Vaupés und Caquetá zu überqueren."[6] Infolgedessen sind die Yahunas bis vor kurzem von den „Segnungen" westlicher Zivilisation weitgehend verschont geblieben, und insbesondere zu der Zeit, als der Ethnologe *Theodor Koch-Grünberg* die Gegend bereiste[7]: am Anfang dieses Jahrhunderts, hatten sie ihre Riten und Gebräuche noch in den Formen ihrer angestammten Lebensweise bewahrt. Ihre Mythe von dem Kult- und Kulturbringer Milomaki erlaubt uns also Einblicke in eine Welt, die heute sehr rasch im Schwinden begriffen ist – die Sprachgruppe der Tukano ist heute auf nur noch 3000 bis 4000 Menschen zusammengeschrumpft[8] –, deren Wurzeln aber bis weit in die Vergangenheit zurückreichen.

Wer ein Indianer-Dorf am Rio Apaporis besucht, begegnet der rechteckig oder rund gebauten *maloka*, dem Gemeinschaftshaus, in dem traditionellerweise mehrere Familien wohnen, die sich als eine patrilineare Sippe verstehen „und eine unabhängige Lokalgruppe bilden"[9]. Nicht selten bestehen die Dörfer, die von einem Oberhaupt geleitet werden, aus einer einzigen solchen *maloka (Tafel 1)*. „Die Männer dürfen

Tafel 2

Codex Borgia 6, S. 21. Die indianische Bilderhandschrift von Cholula zeigt im 4. und 5. Abschnitt des in fünfmal 52 Tage geteilten 260-Tage-Kalenders (des tonalpohualli) der Azteken zwei besonders eindrucksvolle Darstellungen des roten und des schwarzen Tezcatlipoca, die beide als Gegenspieler einander gegenübertreten. Das obere Bild (der 5. Abschnitt des Kalenders) zeigt den *roten* Tezcatlipoca als Hauptfigur. „Er ist als reisender Kaufmann unterwegs und verbirgt sich mit einer Last kostbarer Quetzalfedern hinter einem Baum. Der schwarze Tezcatlipuca, sein Gegenspieler, hat mit dem Wurfbrett einen Blitz gegen ihn geschleudert. Er hat bezeichnenderweise keine Speere in den Händen, denn er schießt hier mit Blitzen. Der Blitz hat nicht den roten Tezcatlipuca-Kaufmann, sondern einen Baum getroffen und zerschlagen. – Der mantische Sinn des Bildes ist eindeutig. Er bezieht sich auf einen Überfall auf reisende Kaufleute, die in ihren Rückentragen kostbarste Luxusware befördern: Quetzalfedern, bezeichnet durch einen ganzen Quetzalvogel. Daß die beiden Gegenspieler, Kaufmann und Räuber, zwei Formen des Gottes Tezcatlipuca sind, hat natürlich auch irgendeinen (unbekannten) Grund. Als Heilmittel gegen die Gefahr ist das Opfer eines Tieres mit Opferfahne, wahrscheinlich eines Hundes, empfohlen. Ein weiteres Beizeichen ist eine zerstückelte Schlange. Der Vogel mag vom Blitzschlag vom Baum aufgeschreckt worden sein, er mag ein Beizeichen sein oder ein Vogel, der durch seinen Schrei die Gefahr angekündigt hat, so daß der Kaufmann noch hinter den Baum flüchten konnte." (K. A. Nowotny: Tlacuilolli, Berlin 1961, S. 29)

Das untere Bild zeigt den 4. Abschnitt des *tonalpohualli*, des mantischen 260-Tager-Kalenders. Hier ist der *schwarze* Tezcatlipoca die Hauptfigur.

Er steht dem roten Tezcatlipoca, der viel kleiner gezeichnet ist, auf dem H-formigen Ballspielplatz gegenüber. Der Ballspielplatz selbst trägt an den Einfassungsmauern der beiden Längsseiten zwei Steinringe, druch welche man die Kautschukbälle treiben mußte. Das Spiel, das symbolisch den Lauf der Gestirne, von Sonne und Mond darstellte (vgl. E. Seler: Über die natürlichen Grundlagen mexikanischer Mythen in: Gesammelte Abhandlungen III, 305-351, Berlin 1908, Neudruck: Graz 1960), wurde auf Leben und Tod geführt. So ist der Ballspielplatz mit Herzen und Todessymbolen geschmückt. „In der Mitte des Spielplatzes befindet sich ein geopferter Gefangener. – Die beiden Ballspieler, der schwarze und der rote Tezcatlipuca, tragen je ein Stück Jaguarfell in der Hand, ein Ausrüstungsstück für das Spiel. Vermutlich handelt es sich um einen Handschutz. Dargestellt ist der Augenblick, in welchem der schwarze Tezcatlipoca gerade den Ball geworfen hat." (K. A. Nowotny: Tlacuilolli, S. 29)

Die untere Reihe gibt von rechts nach links die Kalenderdaten wieder: II Wind, XIV Jaguar, VI Tod, XVIII

Opfermesser, X Hund; die mittlere Reihe, von links nach rechts: IX Wasser, I cipactli (Kaiman), XIII Rohr,

V Schlange, XVII olin (rollende Bewegung). (Vgl. K. A. Nowotny, Tafel 8.)

Tafel 3

Arnold Böcklin, Pan im Schilf (1859), zeigt den griechischen Gott, der flöteblasend den dionysischen Rausch verkörpert. (Vgl. R. Andree: Arnold Böcklin: Die Gemälde, Basel/München 1977, Farbtafel 7, S. 240 f.) Daß Pan inmitten des Schilfs gezeigt wird, hat seinen Grund in der Mythologie: Pan stellte einst der Nymphe Syrinx nach, die ihre Schwestern in Schilf verwandelten; Pan aber schnitt einige Schilfrohre ab und bildete daraus die Hirtenflöte. (Vgl. Ovid: Metamorphosen I, 698 ff.; S. 49 f.) Dasselbe Thema von der noch tierhaften Form der Liebe, die erstirbt und sich wandelt in Musik, ist von Longus: Daphnis und Chloe, II, 34, S. 60, vorausgesetzt: „Die Syrinx, die wir blasen, war ursprünglich gar kein Instrument, sondern ein herrliches Mädchen mit einer wohlklingenden Stimme, das Ziegen hütete, mit den Nymphen spielte und sang, wie heute das Instrument. Während sie so weidete, spielte und sang, nahte ihr Pan, wollte sie sich gefügig machen und versprach ihr, alle ihre Ziegen Zwillinge gebären zu lassen. Sie lachte über seine Liebeswerbung: sie wolle sich keinen Geliebten anschaffen, der weder ein ganzer Bock noch ein ganzer Mensch sei. Pan versuchte, sie mit Gewalt in seine Hand zu bekommen, aber Syrinx entzog sich ihm und der Gewalt. Sie floh und versteckte sich, des Laufens müde, im Schilfrohr und versank im Sumpfe. Pan schnitt in seinem Zorn das Schilfrohr ab, und da er das Mädchen nicht fand und ihr Schicksal begriff, ersann er das Instrument, indem er die Rohre in verschiedener Länge mit Wachs zusammenfügte, wie ja auch ihr Liebesverlangen unterschiedlich gewesen war; und was damals eine schöne Jungfrau war, ist jetzt eine tönende Syrinx." Entsprechend diesem Vorbild spielen in Longus' „Roman" Daphnis und Chloe miteinander Pan und Syrinx. (a. a. O., II 36, S. 61 f.)

Den Syrinx spielenden Daphnis hat A. Böcklin: Die Klage des Hirten, 1866, München, Schack-Galerie (siehe Titelbild!) dargestellt. Man sieht Daphnis vor der Grotte der Amaryllis, der Geliebten des Hirten Philetas, der ihn verstoßen hat. (Vgl. R. Andree: Arnold Böcklin, S. 294 f.)

Tafel 1
maloka
der Tukano

Tafel 2
Codex Borgia
Indianische Bilderhandschrift

Tafel 3
Arnold Böcklin
Pan im Schilf

Tafel 4
Shiva Nataraja
Herr des Tanzes

nur Mädchen aus anderen Dörfern heiraten, was oft durch den Austausch von Schwestern geschieht.“[10] Der Enge des Zusammenlebens in der *maloka* entspricht also die Strenge der Exogamieregel. Näherhin ist der Bau eines solchen Gemeinschaftshauses selbst – entgegen unseren Erwartungen, doch typisch für indianisches Denken – kein wesentlich technischer, sondern ein religiöser Vorgang, was nicht hindert, daß auch funktionell die Bauweise der Indios dem „modernen“ Haus mit Wellblechdach bei weitem vorzuziehen ist: in einem Haus des herkömmlichen Typs *fällt* z. B. die Temperatur, je mehr die Außentemperaturen steigen, ganz im Gegensatz zu den Wellblechhütten der Weißen, die in ihrem Inneren ständig heißer werden[11]. Tatsächlich aber bietet die *maloka* für die Tukano nicht nur Schutz gegen Hitze und Regen, sie ist vor allem ein Symbol der ganzen Welt. Wirklich zu Hause ist ein Mensch nach dieser Vorstellung dort, wo die Welt ihre Einheit und ihr inneres Zentrum besitzt, und eben dies: mit der Welt in Einheit zu sein ist das Zuhausesein des Menschen. Auf vielfältige Weise ist daher die indianische *maloka* durch symbolische, stark sexuell getönte Bedeutungsverleihungen mit dem Organismus der Natur verbunden. So wird die *maloka* als der Mutterschoß einer Sippe verstanden[12], – jede Rückkehr in das Haus ist mithin so etwas wie eine Rückkehr in eine Geborgenheit, wie sie vor der Geburt bestand, jetzt aber von der Sippe vermittelt wird. Auf rechteckigem Grundriß errichtet, können die Gemeinschaftshäuser 20 × 30 m in Breite und Länge messen und dabei bis zu 10 m hoch sein. Die Ausrichtung des Hauses entspricht dem Verlauf des Flusses, indem der Haupteingang dem „Hafen“ gegenüberliegen muß, bildet doch der Fluß mit der Anlegestelle „gewissermaßen die Verbindung zur Unterwelt, wo sich das Paradies . . . befindet“[13]. Die irdische Wohnung ist also nur Vorbild und Übergang zu der ewigen Wohnung. Die architektonisch wie symbolisch wichtigsten Konstruktionsteile einer *maloka* stellen drei durch Querbalken verbundene Pfostenpaare dar, die als die drei „roten Jaguare“ bezeichnet werden. „Diese mythischen Jaguare gelten als die Beschützer des Hauses und Überbringer der Fruchtbarkeit, die von der Sonne ausgeht.“[14]

Man muß bei diesen Vorstellungen vor Augen haben, wie weit verbreitet in den süd- und mittelamerikanischen Indianerkulturen der Kult des Jaguars ist. Für die Azteken z. B. stellte der Jaguar die Tierverkörperung des Gottes *Tezcatlipoca* dar (*Tafel 2*), indem er des gefleckten Fells wegen als Manifestation des Sternenhimmels galt; erst das „Bedürfnis, dem dunklen Gott einen hellen Partner zuzugesellen, führte schließlich zu einer Spaltung Tezcatlipocas in zwei Gestalten, den schwarzen und den roten Tezcatlipoca, von denen aber der rote nur eine sekundäre Schöpfung der mythenbildenden Phantasie war und einen Vegetationsgott vertrat. Seiner Grundbedeutung nach war Tezcatlipoca jedenfalls ein Sterngott, wie auch aus den Mythen hervorgeht“, die erzählen, wie er sich in den Polarstern verwandelt oder zum Sternbild des Großen Bären wird. „In tropischen Ländern steht dies Sternbild senkrecht am Himmel und wurde von Mexikanern und Maya als ‚einbeiniger Mann‘ (Hurakan in der Sprache der Hochlandmaya) gedeutet; daher stellte man Tezcatlipoca in den Bilderhandschriften mit einem abgerissenen Fuß dar . . . Wenn er an diesem Beinstumpf und an der Schläfe – also an beiden Körperenden – einen rauchenden oder flammensprühenden Spiegel trägt, nach dem er sogar heißt (tezcatl bedeutet ‚Spiegel‘, popoca ‚rauchen‘), so sollten damit vielleicht die beiden Stellen am Horizont bezeichnet werden, an denen die Sonne aus dem Meer aufsteigt und im Meer versinkt; denn eine Wasserfläche nannten die Azteken, genau wie wir, einen ‚Wasserspiegel‘. Aus diesen Naturbeziehungen schlossen die Azteken auf Charaktereigenschaften Tezcatlipocas, die den Gott für sie in gleichem Maße verehrungswürdig wie furchterregend machten. Er war das Auge, das in der Nacht sieht, wie die Sterne, und galt daher als Richter und Rächer jeder Untat: allwissend und allgegenwärtig, unnachsichtig und unberechenbar. Er war der Gott, der ‚nach Gutdünken schaltet‘, ‚dessen Sklaven wir sind‘ . . . und als Symbol seiner Fähigkeit, das Verborgene zu sehen, das ‚Sehwerkzeug‘ . . . handhabt: einen Stab mit einer durchlochten Scheibe am Ende.“[15]

Überträgt man solche Vorstellungen auf den mythischen „Jaguar“, der das Dach einer indianischen *maloka* stützt, so gewinnen wir eine zusätzliche Bedeutung für das, was Wohnungnehmen und Zuhausesein heißt: es ist so viel wie ein

Wohnen unter den Sternen, wie ein Ordnen des Lebens unter dem Blick des Himmels, wie ein Sichausspannen zwischen Sonnenaufgang und Sonnenuntergang. Das „Dach" eines indianischen Hauses, m. a. W., ist das gesamte Firmament, wenn es sich herabsenkt zum Schutz einer einzelnen Menschenfamilie, die trotz ihrer Kleinheit nicht aufhört zu wissen, daß sie unter den richtenden Augen der Zeit nur „richtig" zu leben vermag, indem sie sich selber zum Abbild des Himmels macht; – ein Stück Himmel auf Erden sollte das Leben eines Indios in seinem Gemeinschaftshaus sein.

Auf die gleiche Bedeutung verweist auch *der Firstbalken*, der in der Längsrichtung die drei „Jaguare" miteinander verbindet: er, der den Namen *gumu* trägt, „symbolisiert die Achse, die die verschiedenen kosmischen Sphären vereint"[16]. Er stellt mithin das vertikale Moment, eine Art Weltenachse, dar, das die verschiedenen, übereinander lagernden Ebenen der Wirklichkeit miteinander verbindet und zueinander in eine übergreifende Beziehung setzt. Wie stark dabei die *maloka* als Regenerationsraum in „wörtlichem", d. h. symbolischem Sinne aufgefaßt wird, macht die magische Schutzzone deutlich, die das Gemeinschaftshaus umgibt und die Placenta darstellt[17]. Das Haus selber also ist ganz und gar *mütterlich*; es ist der Ort, da man geboren wird und stirbt; und es ist die Stelle, da man den Himmel nahe fühlt, während man in der Gemeinschaft der Menschen auf Erden lebt.

Neben den rechteckigen Gemeinschaftshäusern der Tukano stehen am Rio Apaporis die runden *maloka* der *Makuna-Indianer*[18], die ebenfalls eine horizontale und eine vertikale Struktur aufweisen. Errichtet wird die Rund-maloka auf vier im Quadrat aufgestellten Mittelpfosten, die den vier Bergen gleichen, auf welchen nach indianischem Glauben das Firmament ruht; die kleineren kreisförmig eingesetzten Seitenpfosten stehen für die einzelnen Sippen, die von einer mythischen Anaconda abstammen; an einer der Stromschnellen kam sie aus der Unterwelt, verwandelte sich in ein menschliches Wesen und zeugte Söhne, deren Reihenfolge zugleich die Hierarchie der Sippen begründet. „Das Dach der maloka grenzt den Mikrokosmos ab, wobei der giebelförmige Teil ganz oben das *umea wawero*, das Ende des Universums, abschließt. – Der kreisförmige Fußboden entspricht der Erde, die sich ih-

rerseits in mehrere Bereiche in Form von konzentrischen Kreisen gliedert. Das Zentrum bildet der Schnittpunkt der vier Hauspfosten, die auch den ersten Kreis begrenzen. Im Mittelpunkt dieses Kreises, der das Wohngebiet der Makuna repräsentiert, sitzt auf einem Schemel der Schamane, wenn er mit den überirdischen Mächten Kontakt aufnimmt. Als Kommunikationsmittel bedient er sich der großen Zeremonialzigarren, deren Rauch entlang der kosmischen Achse aufsteigt. – Der nächste Bereich heißt *basama*, der Tanzplatz, der zwischen dem inneren und dem äußeren Kreis liegt. In dieser Zone finden die zeremoniellen Tanzveranstaltungen statt. – So wie sich die räumlichen Strukturen der *maloka* nach den mythischen Prinzipien des Kosmos richten, so gelten auch die Bewohner als die Nachkommen jener Vorfahren, die als Hauspfeiler das Dach tragen und die Harmonie zwischen Mensch und Universum aufrechterhalten."[19]

Betrachtet man in dieser Weise allein schon die Wohneinrichtung der Indianer, so wird auf der Stelle zweierlei deutlich, was zugleich auch für das Verständnis ihrer Mythen und Riten von Bedeutung sein wird: Es gibt *zum ersten* keine eigentliche Trennung zwischen der Welt des Heiligen und des Profanen[20]; das alltägliche Wohnhaus ist selbst der Ort, an dem das Universum sich verdichtet, und seine Beschreibung könnte im Prinzip auch den architektonischen Symbolismus einer katholischen Kirche wiedergeben – mit den 12 Apostelleuchtern als den Tierkreiszeichen, dem Altar als dem Weltenberg, dem Kreuz als der Weltenachse, der Kuppel als dem Gewölbe des Himmels und dem Taufbecken am Eingang als dem Weg zur Unterwelt; eine entscheidende Differenz ergibt sich wohlgemerkt nicht auf der Ebene der symbolischen Bilder, sondern allein dadurch, daß im indianischen Denken der ursprüngliche Bezug zur Natur an jeder Stelle unmittelbar verständlich und einsichtig ist, während er im christlichen Denken verdrängt bzw. durch „geschichtliche" Bedeutungen ersetzt wurde, und zwar so weit, daß wir erst heute, getrieben von der wachsenden Ökologiekrise, die vergessene Natursymbolik fast verschämt, aber dann doch in apologetischer Selbstgewißheit wieder hervorkehren. Gleichwohl bleibt im christlichen Bewußtsein die Welt draußen nach wie vor das an sich Unheilige, das Erlösungsbedürftige – die „gefallene"

Welt, und nur die Kirche gilt als der Raum des Heiligen. Darin liegt zweifellos ein äußerst wichtiger Unterschied zum indianischen Denken, indem die Indios die „Erbsünde", die Trennung von der Natur, in dieser Form nicht kennen, sondern in gewissem Sinne Kinder der Natur geblieben sind, beheimatet im Paradies einer Welt noch vor dem „Sündenfall". Freilich werden wir gleich noch sehen, daß auch die Indianer das Problem der Schuld kennen und daß sie sogar Lösungswege dafür vorschlagen, die der Religion der Bibel ähnlich sind.

Zum zweiten gibt es im indianischen Denken demgemäß offenbar keine Trennung zwischen Natur und Geschichte und innerhalb der Geschichte offenbar keine Trennung zwischen Vergangenem und Gegenwärtigem, sondern so, wie in der Natur alles wiederkehrt, so ist die Geschichte der Menschen dem Zyklus der Natur angeglichen und erneuert sich selbst in ihren konstitutiven Begebenheiten durch den Vollzug bestimmter Riten immer wieder. Wenn man so will, kann man sagen: die Indios leben ein ganz und gar rituelles bzw. *sakramentales* Dasein, ganz entsprechend dem, was wir die Geschichte des „Kirchenjahres" nennen: am 25. Dezember, wenn die Sonne neu geboren wird, kommt der Erlöser zur Welt; am 1. Sonntag nach Frühlingsvollmond begeht er die Auferstehung von den Toten; 50 Tage später, am Erntedanktag, feiern wir die Ausgießung seines „Geistes" und haben teil an seiner Lebenswirklichkeit ... Auf dieser engen Verschmelzung von Natur und Geschichte als einer ständig wiederholbaren, symbolisch miteinander verknüpften Wirklichkeit, in dieser Einheit von Gleichzeitigem (Synchronie) und Historischem (Diachronie) beruht die Möglichkeit und die Wirksamkeit jedes religiösen Ritus. Es ist aber auch hier wieder der Unterschied deutlich: im Christentum ist die Erinnerung an die großen Vorbilder der Natur eher etwas Peinliches und zu Verschweigendes geworden; das Ritual soll nur noch in der „Heilsgeschichte" gründen, es ist der Natur enthoben wie wir selber, die es begehen[21]. Um eine Religiosität zu gewinnen, die in der Heiligkeit der Welt verwurzelt ist, bedürfen wir offenbar der Erinnerung an das, was wir selber in unserer Kulturgeschichte verdrängt haben und was uns nur an den Rändern unserer „Zivilisation" noch wieder-begegnet in Völkern, die wir „wild" und „unzivilisiert" nennen, nur weil sie nackt umhergehen wie Adam und Eva am Schöpfungsmorgen. Doch was ein Leben ungeschützt vor der Natur und im Einklang mit der Natur religiös bedeutet, ja, sogar was die Konstruktion unserer eigenen Kirche zu bedeuten vermag, das können wir von ihnen lernen.

Es gibt schließlich noch ein wichtiges *soziales* Detail, das auch in unseren Kirchen bis vor kurzem gepflegt wurde und das den meisten heute wohl nur noch als ein kulturgeschichtliches Relikt der Unterdrückung der Frau und der Sexualangst der Männer vor den Frauen erscheinen mag, das aber ursprünglich wohl einmal Sinn gemacht hat und jedenfalls mit „Sexismus" nichts zu tun hatte: die Trennung im „Hause" bzw. in der „Kirche" zwischen dem Zeremonialbereich der Männer und dem Zeremonialbereich der Frauen. Prinzipiell ist eine Tukano-*maloka* zweigeschlechtlich aufgeteilt, indem die Vordertür den Männern, die Hintertür den Frauen vorbehalten ist, und im Inneren wiederum wird der vordere Abschnitt zwischen dem ersten und dem zweiten „Jaguar" von den Männern, der hintere zwischen dem zweiten und dem dritten „Jaguar" von den Frauen bewohnt[22]. Gewiß sieht das nach „Patriarchalismus" aus, und ist es auch. Doch zunächst einmal repräsentiert sich in dieser Zweiteilung erneut der Gedanke von dem Abbild des Universums, das selber in seiner Fruchtbarkeit nur als in sich mann-weiblich begriffen werden kann.

Insbesondere hat *C. Lévi-Strauss* (freilich im Blick auf die Nambikwara-Indianer am Mato Grosso an den Quellflüssen des Tapajóz) darauf hingewiesen, wie stark die Einstellung der Geschlechter zueinander bei den Indios von der grundlegenden Bedeutung der Paarbeziehung geprägt ist: „Das Paar", schreibt er, „ist die wirtschaftliche und psychologische Einheit schlechthin. In diesen nomadisierenden Gruppen, die sich andauernd auflösen, um sich wieder neu zu bilden, erscheint das Paar, wenigstens in der Theorie, als die einzige feste Wirklichkeit. Das Paar allein sorgt für das Überleben der Gruppenmitglieder. Die Nambikwara haben eine doppelte Wirtschaft, die Männer sind Jäger und Gärtner, die Frauen sammeln Früchte und Wurzeln. Während die Männer mit

Pfeil und Bogen bewaffnet den ganzen Tag auf die Jagd gehen oder – während der Regenzeit – in ihren Gärten arbeiten, wandern die Frauen mit Stöcken bewaffnet und von den Kindern begleitet auf der Savanne umher und sammeln, fangen und töten alles, was ihnen über den Weg läuft und der Ernährung dient – Körner, Früchte, Beeren, Wurzeln, Knollen, Eier und kleine Tiere aller Arten. Am Abend findet sich das Paar zusammen."[23] Ausschlaggebend für die Wertschätzung der Geschlechter ist indessen die Einstufung der Bedeutung der Arbeit selber: „obgleich die Frauen im wirtschaftlichen Leben eine entscheidende Rolle spielen, wird ihre Arbeit doch als minderwertig betrachtet. Die Vorstellung vom idealen Leben kreist um die männlichen Tätigkeiten, so um die landwirtschaftliche Produktion und um reiche Jagdbeuten; man träumt davon, viel Maniokmehl und große Stücke Wild zu haben. Die zufällig gefundenen Nahrungsmittel werden hingegen als Ausdruck des täglichen Elends betrachtet, was sie ja auch tatsächlich sind. – So wird die Frau für ein zwar kostbares, aber zweitrangiges Gut gehalten. Untereinander sprechen die Männer von den Frauen mit etwas mitleidigem Wohlwollen und behandeln sie mit gutmütiger Herablassung. Eine Reihe von Redewendungen taucht immer wieder auf: ‚Die Kinder wissen das nicht, ich weiß es, die Frauen wissen es auch nicht', und mit einer Mischung aus Zärtlichkeit und Spott spricht man von der Gruppe der dou, der Frauen, von ihren Späßen und Gesprächen. Doch entspricht diese Haltung eigentlich nur dem Gebaren in der Öffentlichkeit. Wenn der Mann am Lagerfeuer mit seiner Frau allein ist, hört er ihren Klagen zu, merkt sich ihre Bitten und verlangt ihre Hilfe bei einer Reihe von Gelegenheiten. Die Haltung, die er in den Gesprächen unter Männern eingenommen hat, verschwindet, und an ihrer Stelle tritt das Gefühl der Zusammengehörigkeit zweier Menschen, die sich gegenseitig ihres Wertes bewußt sind."[24]

„Diese Zweideutigkeit in der männlichen Einstellung besitzt ihre genaue Entsprechung im Verhalten der Frauen. Diese betrachten sich als Kollektivität, was in verschiedener Weise zum Ausdruck kommt", z. B. darin, „daß sie anders sprechen als die Männer. Dies gilt vor allem für die jungen Frauen, die noch keine Kinder haben, sowie für die Konkubinen. Die Mütter und älteren Frauen betonen diesen Unterschied weniger. Außerdem ziehen die jungen Frauen die Gesellschaft der Kinder und jungen Leute vor, um mit diesen zu spielen und zu lachen; sie sind es auch, die sich um die Haustiere kümmern, als wären es Menschen, was übrigens bei manchen südamerikanischen Indios zu beobachten ist. All dies bewirkt, daß die Frauen innerhalb der Gruppe in einer besonderen Atmosphäre leben, einer Atmosphäre, die gleichzeitig kindisch, vergnügt, maniert und provozierend wirkt und an der die Männer nur teilnehmen, wenn sie abends von der Jagd oder aus den Gärten zurückkehren. – Doch ändert sich diese Haltung der Frauen, sobald sie eine besondere Aufgabe zu erfüllen haben."[25]

Aus dieser kurzen Darstellung ist zu ersehen, wie wenig mit den möglichen Klischees von „Matriarchat" versus „Patriarchat" auszukommen ist. Es kann, wie wir hören, eine patrilineare Sippenordnung und eine patriarchale Gesellschaftsordnung sehr wohl einhergehen mit persönlicher Wertschätzung von Mann und Frau und einem ausgeprägten Gefühl für die wechselseitige Abhängigkeit in der Paarbeziehung der Geschlechter; und zudem lernen wir, daß die Ranghöhe von Männern und Frauen in einer Gesellschaft offenbar weit stärker von der Form der Arbeit abhängt, für die Männer und Frauen bevorzugt geeignet sind, als von der unmittelbaren Beziehung zwischen den Geschlechtern, wobei nicht die objektive Bedeutung der geleisteten Arbeit, sondern der Aufwand an sozial organisierter Mühe bei der Arbeit und der Lohn des Ertrages den Ausschlag für die Wertschätzung des Tuns bildet. Nicht eine bestimmte Gesellschafts- und Wirtschaftsform, noch die Bildung von privatem Besitz, sondern die spezifische Art der Verteilung der Arbeit scheint bestimmend zu sein. Und dann ist es wohl seit den Anfängen der Menschheit so gewesen, daß die Männer auf die Jagd gingen, die Frauen aber zusammen mit den Kindern sammelten, was sie am Wege an Eßbarem fanden[26], – das Umgekehrte ist aus rein praktischen Gründen nicht vorstellbar: mit einem Kind auf den Armen läßt sich nicht schnell laufen, um Jagd auf ein flüchtendes Wild zu machen, und mit einem schreienden Kind auf den Armen läßt sich kein Wild anschleichen. Wenn aber diese Art der „Arbeitsteilung" den Hintergrund einer

„patriarchen" Gesellschaftsordnung darstellt, wann sollte es dann das Paradies des Matriarchates, von dem oft mit erstaunlicher Sicherhit behauptet wird, es habe den größten Teil der Menschheitsgeschichte über bestanden[27], jemals gegeben haben? Dabei finden sich in den Erzählungen gerade der Tukano-Indianer durchaus Hinweise darauf, daß „ursprünglich" ein Matriarchat existiert habe, das erst von einem bestimmten Zeitpunkt an aufgehoben worden sei[28]. Aber es bleibt eine kaum beantwortbare Frage, was dieses „ursprünglich" bezeichnet: eine reale Erinnerung an vergangene Historie oder eine Projektion der Sehnsucht in die Vergangenheit? Psychoanalytisch erscheint die letztere Annahme als die wahrscheinlichere, spricht doch für sie die „konservative Natur der Triebe" selber[29], die selbst dann noch „regressiv" die vorgeburtliche Geborgenheit des Mutterschoßes wiederherzustellen suchen, wenn sie kulturell die Geschichte nach vorn tragen[30].

Wie aber finden Vorstellungen und Einstellungen dieser Art ihren Niederschlag in den religiösen Überlieferungen eines Volkes, oder umgekehrt gefragt: wie intepretiert man eine Mythe so, daß in ihr die Geisteshaltung bzw. die „Weltanschauung" der sie tragenden Kultur und Gesellschaft deutlich wird? Wir sind zur Lösung dieser Frage jetzt genügend vorbereitet, um uns an die Interpretation der Mythe der Yahuna-Indianer von ihrem Kult- und Kulturbringer Milomaki heranwagen zu können.

3. Text und Deutung

Vor vielen, vielen Jahren kam aus dem großen Wasserhaus, der Heimat der Sonne, ein kleiner Knabe, der so wunderschön singen konnte, daß viele Leute von nah und fern herbeieilten, ihn zu sehen und zu hören. Der Knabe hieß Milomaki. Als aber die Leute, die ihn gehört hatten, heimkehrten und Fische aßen, fielen sie alle tot nieder. Da ergriffen ihre Angehörigen Milomaki, der inzwischen zum Jüngling herangewachsen war, und verbrannten ihn auf einem großen Scheiterhaufen, weil er schlecht wäre und ihre Brüder getötet hätte. Der Jüngling aber fuhr bis zu seinem Ende fort, wunderschön zu singen, und als schon die Flammen an seinem Leib emporleckten, sang er:
„Jetzt sterbe ich, mein Sohn, jetzt verlasse ich diese Welt!" Als sein Leib von der Hitze anschwoll, sang er noch immer in herrlichen Tönen: „Jetzt zerbricht mein Leib, jetzt bin ich tot!" Sein Leib zerplatzte. Er starb und wurde von den Flammen verzehrt; seine Seele aber stieg auf zum Himmel. Aus seiner Asche erwuchs noch an demselben Tage ein langes, grünes Blatt. Es wurde zusehends größer und größer, breitete sich aus und war am anderen Tag schon ein hoher Baum, die erste Paschiubapalme. Denn vorher gab es diese Palmen nicht. Die Leute aber machten aus ihrem Holz große Flöten, und diese gaben die wunderschönen Weisen wieder, die einst Milomaki gesungen hatte. Die Männer blasen sie bis auf den heutigen Tag, jedesmal, wenn die Waldfrüchte reif sind, und fasten und tanzen zu Ehren von Milomaki, der alle Früchte geschaffen hat. Die Weiber aber und kleinen Knaben dürfen die Flöten nicht sehen, sonst müssen sie sterben." [1]

a) Mythos und Logos oder: Von Wort und Musik

Wer zum erstenmal diese Erzählung hört, der wird vielleicht enttäuscht sein von ihrer vermeintlichen Unscheinbarkeit; – es fällt schwer zu glauben, daß eine Geschichte von der Länge kaum einer Druckseite die Antwort auf die wichtigsten Fragen unseres Lebens enthalten soll, und doch verhält es sich so. Es ist so ähnlich, wie wenn jemand, der vom Glauben der Christen bisher nur wenig oder gar nichts gehört hätte, zum erstenmal die Passionsgeschichte im 14. und 15. Kapitel des Markus-Evangeliums lesen würde[2]: Vermutlich käme es ihm sehr merkwürdig vor, all die Details zu erfahren, wie sich die Jünger Jesu verhielten, was im einzelnen der Hohe Priester und der römische Prokurator gesagt und getan haben, um wieviel Uhr Jesus gekreuzigt wurde und was der Hauptmann unter dem Kreuz gesagt hat. Er käme nicht darauf, daß hier aus der Überlieferung alter Gebete und dunkler Verheißungen ein Bild der Erfüllung göttlichen Willens und ein Spiegelbild des menschlichen Lebens zwischen Angst und Aggression, zwischen Furcht und Verrat, zwischen religiöser Rechthaberei und ohnmächtiger Herrschaftsbewahrung gemalt wird. Ähnlich hilflos stünde er vermutlich auch der hebräischen Urzeitmythe aus Gen 3,1-7 gegenüber, die in einem kurzem Gespräch zwischen einer Schlange und einer Frau beschreibt, warum die Menschen mit sich selbst und aller Welt zerfallen sind – Vertriebene und Ausgesetzte, Fremde inmitten einer Welt des Glücks, an der sie wie zum Fluche niemals mehr werden teilhaben können[3]. Und am wenigsten würde er vermuten, daß beide Geschichten, getrennt durch Jahrtausende, in den Vorstellungen einer bestimmten Religion sogar eine symbolische Einheit bilden, die das Geschick der ganzen Menschheit zwischen Schuld und Vergebung im Zeichen des Baumes der Sünde und des Holzes der Erlösung darzustellen versucht.

Ganz entsprechend wird ein *europäischer* Leser sich zunächst sehr schwer tun, in der Geschichte der Yahuna-Indianer von Milomaki etwas anderes zu sehen als eine mehr oder minder belanglose Geschichte von der Entstehung der Paschiuba-Palme, wie man sie auch sonst in Hülle und Fülle bei Kreti und Plethi antreffen mag. Und doch ist die indianische Erzählung im Grunde eher noch komplexer als die jüdisch-christliche Sündenfall- und Erlösungsgeschichte, indem sie nicht nur, wie diese, die menschliche Geschichte in ihren Grundkonflikten zu deuten unternimmt, sondern zugleich auch die menschliche Geschichte in das Geflecht der umgebenden Natur einzuordnen versucht, ja, darüber hinaus eine Reihe konkreter Einzelheiten des Zusammenlebens im Stammesverband der Yahunas begründen möchte: Geschichte, Natur und Gesellschaft verschränken sich in dieser Erzählung zu einer unauflöslichen Einheit, indem *die menschliche Geschichte* selber in Identität und Differenz zu den Mächten der Natur gesehen wird, während *die gesellschaftliche Ordnung* ihren Sinn gerade darin besitzt, in ihren Riten und Ritualen die entstandene Gegensätzlichkeit zwischen Natur und Kultur, zwischen den Mächten des Himmels und den Mächten der Erde, zwischen Göttlichem und Menschlichem, zwischen Frau und Mann, so zu beschreiben, daß sie die Gefahr des Zerstörerischen verliert und eine lebbare Ordnung begründet.

Immerhin wird *ein* Zug der indianischen Mythe auch einen christlichen Hörer von Anfang an hellhörig machen: hier stirbt offensichtlich *ein Gottessohn*[4]; denn Milomaki ist der Sohn der Sonne, der in diese Welt kommt, um die Menschen den Gesang zu lehren. Wie also? Da sollte eine verschollene indianische Mythe, erzählt von dem Stamm einer Sprachgruppe von nur ein paar Tausend Menschen, buchstäblich am Rande der Welt und unbeeinflußt von allen christlichen Gedanken, ein Motiv in sich enthalten, das zentral auch den christlichen Glauben bestimmt: wie der Sohn Gottes stirbt und im Tode den Menschen zum Segen wird! Wie er den Tod überwindet und auffährt zum Himmel! Und wie er dadurch die Menschen tröstet angesichts des Schicksals des bitteren Todes! Und wir, die wir Christen sind, könnten womöglich von einem „wilden" und „heidnischen" Volk, aus der Überlieferung einer „Primitivkultur", nach Jahrhunderten einseitiger Missionierung und Proselytenmacherei, der Kulturzerstörung und des direkten wie des indirekten Genozids womöglich für unseren eigenen Glauben in Kontrast und Übereinstimmung an religiöser Erkenntnis noch etwas dazugewinnen und an menschlicher Weisheit dazulernen!

Allein schon die Entdeckung, wie verwandt religiöse Anschauungen und Überlieferungen, vollkommen unabhängig von irgendeiner historischen Vermittlung, sein können und wie gleichgeartet also die menschliche Psyche sein muß, wenn sie immer wieder, unter vollkommen verschiedenen kulturellen und gesellschaftlichen Voraussetzungen, dieselben Vorstellungen ausbildet, muß zu einer radikalen Veränderung des bisherigen „christlich-abendländischen" Weltbildes führen, wonach wir selber in jeder Hinsicht als die von Gott Bevorzugten und in die Pläne des Ewigen auf einzigartige Weise Eingeweihten zu betrachten sind: das, was sonst nur Ahnung und Hoffnung sein kann, werde bei uns, so die christliche Vorstellung, in die Klarheit von Wissen und Wirklichkeit gehoben. Der Dünkel der Exklusivität muß zerbrechen, wenn wir sehen, daß gerade die Glaubenssymbole der eigenen Frömmigkeit offensichtlich nicht, wie erwartet, das Einmalige und Unvergleichbare, sondern vielmehr das Ubiquitäre und Allgemeingültige darstellen. Selbst der Begriff der Offenbarung, dieser ganze Stolz der biblischen Religion, muß theologisch neu durchdacht werden, wenn sich zeigt, daß die Inhalte auch und gerade des Offenbarungsglaubens allem Anschein nach nicht von außen, durch historische Begebenheiten, in den Menschen hineinkommen, sondern allenfalls umgekehrt: aus dem Menschen heraustreten, sobald die Voraussetzungen dafür gegeben sind. Gott selber ist, wenn das zutrifft, dem Menschen weit innerlicher als gedacht, und die Art seiner Selbstmitteilung muß weit sanfter und organischer vorgestellt werden, als man es bisher hat glauben wollen. Die gesamte Sprache der Religion zwischen den Kulturen müßte sich dementsprechend wandeln – vom Exklusiven zum Integrativen, vom Dozierenden zum Kommunikativen, wenn wir nur versuchen, einer kleinen Indianermythe gerecht zu werden; wir müßten nur einmal darauf hören, was sie uns zu sagen hat, statt sie sogleich nach unserem Bild und Vorbild zurechtzurücken und zurechtzuschneiden, indem wir die Botschaft des Christus als des Sohnes Gottes in eine Leichenrede über Milomaki verwandeln, den *indianischen* Sohn Gottes, der aus dem Wasserhaus, aus dem Himmel, zu den Menschen kam und den Tod mit ihnen teilte, um das Leben ihnen zu bringen[5].

Andere Stellen des indianischen Mythos hingegen erscheinen uns zunächst als eher fremd und rätselhaft. Wie hängt z. B. Milomakis Gesang mit dem Sterben all derer zusammen, die am nämlichen Abend Fische essen? Man versteht den Zorn der Männer, die den Sohn der Sonne verbrennen, aber warum erkennen wir Menschen offenbar immer wieder erst, wenn es zu spät ist, was wir in Wirklichkeit tun, während wir wähnen, der Gerechtigkeit zu dienen? Was ist es um den geheimnisvollen Tod Milomakis, der mitten im Feuer noch singt und aus dessen Asche noch am selben Tage die erste Paschiuba-Palme erwächst? Ist es am Ende nicht sein eigener Gesang, der in den Flöten aus dem Holz der Paschiuba-Palme fortlebt? Wieso aber dürfen die Frauen und die Kinder die Flöten nicht sehen ohne Gefahr für ihr Leben? Ehe wir auf Fragen dieser Art keine bündige Antwort besitzen, können wir uns nicht einreden, irgendetwas an der Mythe von Milomaki wirklich verstanden zu haben. Es handelt sich hier indessen allem Anschein nach in der Mehrzahl der Fragen um kulturelle Besonderheiten, die sich nur aus den speziellen Gegebenheiten der religiösen Anschauungen und gesellschaftlichen Einrichtungen der Yahuna-Indianer verstehen lassen. Sehen wir also zu.

Alles beginnt wie in einem Märchen: „Vor vielen, vielen Jahren . . .“ Das heißt in der Sprache der *Märchen:* in einer ewigen „Zeit“ – damals wie heute, einstmals, weil immer[6]; das heißt in der Sprache der *Mythen:* ein Urzeitgeschehen, das „am Anfang“ der Menschheitsgeschichte „stand“, weil es eine Grundstruktur jeder menschlichen Geschichte darstellt: prinzipiell, grundsätzlich und grundlegend – eben deshalb: am „Anfang“[7].

Vielleicht ist an dieser Stelle noch einmal das christliche Beispiel, der Ausgang von uns relativ vertrauten Vorstellungen, hilfreich. Nach herkömmlicher Vorstellung scheint dies jetzt doch ein eklatanter Unterschied zwischen der christlichen Religion und dem Glauben der südamerikanischen Indios zu sein: daß wir Christen erzählen, wie Jesus *„in der Zeit“* unter uns lebte, und daß die Yahuna überliefern, was Milomaki *vor aller Zeit* widerfuhr. Gewiß, beide offenbar kamen aus der Sphäre des Himmels, aus dem großen „Wasserhaus“ (dem Meer!), der Heimat der Sonne; doch ist nicht dies eben der Unterschied: daß hier von Geschichte, dort „nur“ von Mythos die Rede geht? Wir müssen sagen: Ja und nein. Unzweifelhaft, daß Jesus eine historische Person war, während wir über den indianischen Kult- und Kulturbringer Milomaki historisch rein gar nichts wissen. Dies *ist* ein entscheidender Unterschied, zugegeben. Aber man darf bei dieser „Feststellung“ nicht stehenbleiben; denn nicht der historische Jesus von Nazareth allein, sondern der *Christus,* der Sohn Gottes, das menschgewordene Wort Gottes, der *Logos* (Joh 1,1) bildet den Gegenstand christlicher Verehrung. Und auf dieser Ebene der symbolischen Beschreibung des Glaubensinhaltes entsteht ein zweiter scheinbar noch weit wichtigerer Unterschied, je nachdem, ob man den auf die Erde herabgekommenen Sohn der Sonne als das Wort oder als Gesang (und Tanz!) zu begreifen versucht.

Die Ausgangsfrage im Hintergrund dieser scheinbaren Alternative lautet: in welcher Weise erscheint etwas Göttliches in unserem Leben bzw. in welcher Form vermittelt sich uns ein Erleben, das die Rätselfragen des Daseins beruhigt? Die christlich-abendländische Antwort darauf lautete stets, es sei *das Wort,* die Sprache, das rationale Denken, die Funktion der linken Hirnhälfte, die uns mit dem Göttlichen verbinde. Doch woher kommt die Fähigkeit des Menschen, *zu sprechen?* All die Theorien, die das Sprechen aus einfachen Ausdruckssignalen oder aus dem pragmatischen Vorteil der Verständigung ableiten wollten[8], darf man getrost für gescheitert erklären. Im Gegenteil: nicht das zweckgebundene Handeln, sondern das zweckfreie symbolische Spiel dürfte am Anfang der Sprachentwicklung gestanden haben; und unter dieser Voraussetzung schwindet der von christlichen Theologen so stark hervorgehobene Kontrast von Logos und Mythos fast gänzlich dahin. Es ist daher unumgänglich, ein wenig Sprachtheorie zu betreiben.

Es scheint, daß die Sprache sich nur bei einem Lebewesen entwickeln konnte, „in dem die niederen Formen symbolgebundenen Denkens – Traum, Ritual, abergläubische Phantasie – schon hochentwickelt waren, d. h., wo der Symbolisierungsprozeß, wenn auch primitiv, so doch sehr lebendig war . . . Das Freisein von praktischen Interessen, das bei den Affen schon deutlich erkennbar ist, muß bei einer Gattung von ausgeprägt symbolgebundener Geistesart schnelle Fortschritte gemacht haben . . . Eine reiche Fülle von Tanzformen und Grimassen, Posen und Gesten mochte in einer Gesellschaft blühen, die, was ihre nicht-praktischen Interessen anlangt, um einiges über den Affen rangiert . . . Das natürliche Repertoire der Schimpansen kennt ganz artikulierte Spielformen, die an Tanzformen grenzen; nur wenig weiter ausgebildet, wären sie das natürlichste Material für symbolischen Ausdruck. Es ist keineswegs unmöglich, daß das Ritual in seiner Feierlichkeit und Bedeutsamkeit der Entwicklung der Sprache vorhergeht."[9] Ja, einmal auf diese Fährte gesetzt, könnte man „sich leicht vorstellen, daß junge menschliche Wesen einander zu lautem Rufen anstacheln würden, so wie ein Affe den anderen zum Springen, Sich-Drehen und Posieren reizt; und das Rufen würde alsbald zum Gesang formalisiert werden. Sobald einmal die vokalen Gewohnheiten nutzbringend angewendet werden, wie in Rede oder Gesang, gehen sie, wie wir wissen, nicht mehr verloren, sondern werden als lebenslange Tätigkeit fixiert. In einer sozialen Gruppe würde der kindliche Lallinstinkt dauernd unterstützt werden; anstatt sich mit der Zeit auszuwachsen, würde er in gesellschaftlichen Spielformen konventionalisiert werden. Es ist anzunehmen, daß der Gesang, die Formalisierung des Spiels mit der Stimme, dem Sprechen vorangeht."[10]

Bereits *Herder* und *Rousseau* nahmen an, „daß Sprache und Lied derselben Quelle entstammen". Für diese These scheint zu sprechen, „daß in leidenschaftlicher Rede die Stimme auch heute noch ins Schwanken gerät und die Zivilisation diese Wirkung nur dadurch vermindert, daß sie die leidenschaftliche Äußerung überhaupt einschränkt, daß aber Wilde noch heute ein singsangartiges Sprechen kennen[11]. Mit dem Sprachforscher *Jespersen* steht daher zu vermuten, „daß es eine Zeit gab, in der alle Rede Gesang war, oder vielmehr, in der beide Handlungen noch nicht differenziert waren"[12]. Wenn aber das Sprechen seine Wurzel *im Singen* hat, so ist seine ursprüngliche Funktion gewiß nicht darin zu sehen, gewisse gedankliche Inhalte mitzuteilen; vielmehr wird man dem Gedanken zustimmen müssen, den *J. Donovan* bereits 1891 äußerte, daß nämlich die menschliche Sprache weit mehr einer symbolbildenden Aktivität als dem intelligenten Anzeichengebrauch entstammt.

Nach *Donovan* läßt sich der Klang deshalb besonders gut symbolisch verwenden, „weil es keines utilitaristischen Motivs bedarf, ihn zu beachten": bekanntlich lassen sich die Ohren nicht verschließen, so daß im Wachzustand eine Fülle von Geräuschen wahrgenommen wird, die „biologisch wertlos" sind und daher zur freien Verfügung stehen. Gerade Geräusche eignen sich daher besonders gut, um „spielerisch" eingesetzt zu werden. „Besonders in der ‚Spielerregung' . . . wurden Geräusche wie rhythmisches Schlagen und Händeklatschen verwendet, um die Spiellust noch zu betonen und auf der Höhe zu halten – denn der frühe Mensch war wahrscheinlich, wie der Affe, in kaum vorstellbarem Maße ablenkbar. Die Stimme konnte, wie die Trommel, dazu dienen, die Aufmerksamkeit zu fesseln und den Rhythmus zu betonen, und so wurde auf ganz natürliche Weise entdeckt, daß einige Töne . . . sich durch einen Wechsel der Stimmlage hervorheben ließen. Da Stimmen variabler sind als Trommeln, bilden sich bald Muster heraus, und die langen schweifenden Melodien primitiver Gesänge wurden zu einem wesentlichen Bestandteil der gemeinschaftlichen Feier. – Zunächst dürften die ‚Tanz'-Handlungen den Charakter des Pantomimischen gehabt haben – erinnernd an das, was die große Erregung hervorgehoben hatte. Ihre allmähliche Ritualisierung bewirkte, daß das gefeierte Ereignis in den Gemütern festgehalten wurde. Anders ausgedrückt: es muß konventionelle, bestimmten Gegebenheiten zugeordnete Tanzweisen gegeben haben, die mit dieser Art von Gelegenheit so innig assoziiert waren, daß sie alsbald deren Begriff vergegenwärtigten und verkörperten – mit anderen Worten, es müssen symbolische Gesten entstanden sein. – Die Stimme, der es bereits zur Gewohnheit geworden war, solche rituellen Akte zu begleiten, dürfte nach und nach ihre eigenen Konventionen ausgebildet haben; bei einer ‚plappernden Spezies‘ konnte es nicht fehlen, daß eine gewisse Vorliebe für bestimmte Silben entstand und diese den festlichen Spielen Farbe verliehen. – Der Umstand, daß bei bestimmten Festlichkeiten ein besonderes Individuum, menschlicher oder nichtmenschlicher Natur, im Zentrum stand – bei Totentänzen ein Leichnam, in Triumphtänzen ein gefangenes Weibchen, ein Bär, ein Schatz oder ein Häuptling – mußte nun zur Folge haben, daß die solchen Situationen zugehörigen artikulierten Geräusche mit dieser zentralen Figur assoziiert wurden, so daß ihr Anblick die Menschen zur Äußerung dieser Silben oder, wahrscheinlicher noch, dieser rhythmischen Silbengruppen auch außerhalb der gesamten festlichen Situation reizte.“ „‚In der Frühgeschichte der artikulierten Laute konnten diese natürlich noch keine selbständigen Bedeutungsträger sein, doch bewahrten sie – in inniger Assoziation mit ihnen – die besonderen Gefühle und Wahrnehmungen, die sich im Zustand der Erregung den Gemütern der festlich Spielenden am nachdrücklichsten einprägten.‘“ „‚Ohne die Spur einer bewußten Absicht im Hintergrund brachte dieser Impuls (das Spiel) die Spielenden dazu, bei einer Art Abbild eines individuellen Gegenstandes, der zu den nachgeahmten Handlungen in Beziehung stand, zu verharren, während rhythmische und artikulierte Äußerungen Ohr und Bewußtsein gefangennahmen und gleichzeitig auf die (mit) ihnen wiederholt assoziierten Wahrnehmungen festgelegt wurden.‘“[13]

Dieser kurze Ausflug in die Sprachtheorie zeigt uns etwas außerordentlich Wichtiges; denn selbst wenn an dem Konzept von *J. Donovan* auch nur die Hauptrichtung seiner Erklärung von der Entstehung der Sprache zutrifft, ergibt sich daraus eine entscheidende Folgerung für die in der christlichen Theologie immer wieder aufgestellte Alternative: Logos gegen Mythos. Wir verstehen mit einem Mal, daß dieser Gegensatz überhaupt nur an den „Gipfelpunkten“ der „Berge“ Gültigkeit haben kann und daß er die Wahrheit der gemeinsamen Herkunft beider aus den „Tälern“ notwendigerweise verleugnet. Von einer „einfachen“ Indianermythe

können wir lernen, was die moderne Sprachtheorie, Anthropologie und Verhaltensforschung ihrerseits heute zu bestätigen scheint: daß die menschliche Sprache weit eher dem Träumen und Tanzen, dem Singen und Spielen, dem Jubelruf und der Ekstase entstammt als dem rationalen Denken und begrifflichen Analysieren. Insbesondere für das Sprechen von Gott bzw. für die Mitteilung des Göttlichen im Wort erhebt sich daraus die Forderung, das gesamte diskursive Erörtern der Geheimnisse des Göttlichen in der üblichen Theologenmanier auf der Stelle wortwörtlich als einen Verrat am göttlichen „Wort“ zu betrachten. Ein „Wort“, das wirklich eine Erfahrung Gottes gegenwärtig zu machen vermag, ist nicht das Wort der Denotationen, der Hinweise auf objektive Sachverhalte, sondern der Konnotationen, der gefühlsstarken Erlebnisbesetzungen bestimmter Laute und Lieder[14]. Ein „göttliches Wort“ kann nur eine Rede sein, die „dichterisch“ genug ist, nach Art einer magischen Beschwörung eine bestimmte Wirklichkeit für das Erleben als real zu setzen. Oder anders ausgedrückt: nur eine Sprache, die eine verborgene Musik in den Herzen der Menschen zu erregen vermag, die ihre Glieder das Tanzen lehrt und ihre Seele mit einer rauschhaften Seligkeit erfüllt, ist wirklich als „von Gott kommend“ zu bezeichnen.

Daß es sich „ursprünglich“ so verhält, bezeugen die alten Gottesnamen selbst, die vermutlich nichts weiter waren als ekstatische Akklamationen: der Gottesnamen Israels, *Jahwe* z. B., scheint von dem Anruf *Jo* oder *Johu* zu stammen[15], ein Laut, der auch in dem Namen des römischen Gottes Jupiter (Genitiv: Jovis) enthalten zu sein scheint. Was wäre darum zu geben, wenn die christlichen Theologen eine Sprache wieder erlernen könnten, in welcher der Graben zwischen „Logos“ und „Mythos“, zwischen Gedanke und Gefühl, zwischen der Welt der äußeren Gegenstände und der inneren Zustände endlich verschwunden wäre? Eine Redeform müßte sich wieder bilden, in der das geschichtliche Erleben einer bestimmten Zeit sich in Symbolen verdichten kann, die in aller Zeit ähnliche Erfahrungen in den Menschen wachzurufen vermögen. Noch ist alle Theologenrede an Begriffe gebunden, die immer wieder eingrenzen und damit ausgrenzen, was die Menschen aller Zeiten und Zonen miteinander verbinden könnte und miteinander verbünden müßte; noch ist sie ein Instrument der Vereinheitlichung von Menschengruppen in dem Bekenntnis eines möglicherweise „objektiv" richtigen, doch subjektiv nichtigen Glaubensformalismus fertiger Redensarten; noch kann sie auf die Absolutsetzung der Sprachspiele absolutistisch regierender Wahrheitsträger von amtswegen scheinbar nicht verzichten, und sie versäumt damit die Chance, so „international", so gewaltfrei, so kultur- und klassenübergreifend sich mitzuteilen, wie man es heute allenfalls von der Kunst, eben nicht von der Religion gewöhnt ist.

Doch selbst in der Kunst! Im Jahre 1990 lief in den Kinos der Film von *Peter Weier* „Der Club der toten Dichter"[16] an, der einzig der Frage gewidmet ist: wie läßt sich Lyrik lehren? „Schlagt auf", befiehlt *Mr. Keating* seinen Schülern, „den Aufsatz von Dr. Pritchard": „Der Wert eines Gedichtes bemißt sich aus den Koeffizienten der inhaltlichen Bedeutung und der formalen Gestaltung, eingetragen auf den Achsen x und y." „Hört auf. Wir sind doch keine Klempner. Sollen wir sagen wie in den American Charts: Lord Byron ist gut, 40 Punkte, Shakespeare ist super, 60 Punkte?" Statt dessen lehrt *Mr. Keating* seine Schüler, beim Gehen im Pausenhof den Trott des Gleichschritts zu verlassen und dem Rhythmus der eigenen Bewegung zu folgen, sich oben auf das Klassenpult zu stellen und zu merken, wie die Welt sich verändert, je nach der Perspektive, die man selber einnimmt; und er stellt sie vor die Aufgabe, ihren Gefühlen in Form eines Gedichtes einen eigenen Ausdruck zu verleihen. Abgeschafft scheinen die Begriffe, die zu Beginn des Films anläßlich einer Schulfeier auf den Fahnen hochgehalten wurden: Ehre, Tradition, Disziplin und Erfolg. Statt dessen geht es um Wahrheit, Kreativität, Spontaneität und innere Stimmigkeit. Wie „anarchisch" es sein kann, junge Menschen auch nur die Lyrik zu lehren, zeigt dieser Film; wie da erst, wenn man anfinge, sie „Religion" zu lehren!

Wenn indessen der Mythos der Yahuna-Indianer zutrifft, so wäre alle „göttliche" Rede wesentlich „dichterische", gesangnahe, tänzerische Rede – eine innere Musik, die die Menschen in ihren Bann schlägt, indem sie in ihnen die Empfindung des Heiligen und Absoluten, den Geschmack der Freude und des Glücks sowie die Ergriffenheit einer überindividuellen und weltumspannenden Einheit und Harmonie buchstäblich zum Klingen und Schwingen bringt; und so müßte es sein. Denn was wäre „Gott", wenn nicht dieses Absolute und Heilige, dieses in Freude und Glück Aufstrahlende[17], dieser Grund aller Einheit und Harmonie, der in ungreifbarer Weise in allen Dingen ruht? Diesen Gott zu den Menschen zu bringen, das ist die Art von Milomakis Gesang, die Art der Inkarnation dieses „Sohns der Sonne", der als ein kleines Kind zu den Menschen kommt.

Was aber ist eigentlich der Inhalt bzw. der „Text" der Lieder Milomakis? Wir müssen davon ausgehen, daß die Gesänge des indianischen Kult- und Kulturbringers im Grunde eins sind mit der verborgenen Musik der Welt selbst. „Schläft ein Lied in allen Dingen, / Die da träumen fort und fort, / Und die Welt hebt an zu singen, / Triffst du nur das Zauberwort" – dieses Gedicht *Josef von Eichendorffs* von der *„Wünschelrute"* drückt das Wesen Milomakis wohl am besten aus[18]. Was in unserer Kultur die Romantik wieder in Erinnerung zu rufen versuchte – das Wissen von der inneren Gestimmtheit und Harmonie aller Lebewesen an unserer Seite, die ein jedes auf seine Weise uns etwas Wichtiges zu sagen haben, wenn wir ihnen nur Gehör schenken wollten –, gehört seit eh und je zu den Grundaussagen indianischer Weltfrömmigkeit. In allem, was uns umgibt, atmet etwas von der Heiterkeit und Freude des Daseins; nichts ist einfach nur vorhanden, es ist in gewisser Weise beseelt mit der Musik des Himmels und trägt durch die Schwingung seiner eigenen Existenz mit bei zu der Symphonie des Alls. „Wißt ihr, daß die Bäume reden?", fragte ein nordamerikanischer Indianer die Weißen[19]. Es ist ein Wissen, das alle schamanistischen Religionsformen teilen, wenngleich es in der abendländischen Überlieferung einzig mit der Gestalt des thrakischen Sängers *Orpheus* verbunden ist[20], der, wann immer er die Saiten seiner Leier rührte, damit die Steine, die Bäume und die Tiere so innerlich ansprach, daß sie all seinen Wünschen folgten. Kein Zweifel, daß die Yahuna-Mythe von Milomaki als ein indianisches Pendant zu der Religion des *Orpheus* gelten darf, die der frühen Kirche schon aufgrund ihrer Ähnlichkeit mit dem Erlösungstod Christi und den Kulten der Reinigung der Seele ein solcher Dorn im Auge war, daß sie diese ihre vermeintliche Konkurrentin mit allen Mitteln auszurotten versuchte[21].

Im indianischen Kulturraum aber überlieferten insbesondere *die Azteken* eine Mythe von hohem Reiz, die davon berichtet, wie die Musik vom Himmel auf die Welt kam, und die, genau wie die Erzählung der Yahuna-Indianer, die Herkunft der Musik aus dem Hause der Sonne hervorhebt; Geist und Materie, der Gott *Quetzalcoatl* und der Gott *Tezcatlipoca* wirken in dieser Mythe zusammen, um sich im „Geist der Musik" miteinander zu vereinen. Diese Erzählung lautet wie folgt.

„*Tezcatlipoca* bat *Quetzalcoatl*, ins ,Haus der Sonne' zu reisen, von dem alles Leben kommt. Er gab ihm genaue Instruktionen: Wenn er die Küste erreichte, sollte er sich der Hilfe der drei Diener Tezcatlipocas, ,Rohr und Meerschnecke', ,Wasserfrau' und ,Wasserungeheuer' versichern, die ihm als Brücke zum ,Haus der Sonne' dienen würden. Dort sollte er um Musikanten bitten, um sie zur Erheiterung der Menschen mitzubringen. Quetzalcoatl tat, was ihm geheißen war. Doch die Sonne warnte ihre Musikanten, den Mund zu öffnen. Denn die solches täten, müßten dem Windgott auf die Erde folgen. Die Musikanten, in weiße, rote, gelbe und grüne Gewänder gekleidet, widerstanden der Versuchung. Einer aber erlag ihr schließlich doch und stieg mit Quetzalcoatl zur Erde hinab, wo er den Menschen die Musik schenkte.

Ein Gesang aus einem Nahua-Manuskript des 16. Jahrhunderts schildert dieses Ereignis:
Tezcatlipoca, Gott des Himmels
und der vier Himmelsrichtungen,
kam auf die Erde und war traurig.
Von den äußersten Punkten
der vier Himmelsrichtungen rief er:
Komme, o Wind!
Komme, o Wind!
Komme, o Wind!
Komme, o Wind!
Über die traurige Erde verteilt,
hörte ihn der klagende Wind,
erhob sich über alles Geschaffene,
peitschte die Wasser des Ozeans
und zauste die Bäume,
bis er zu Füßen des Himmelsgottes

Ruhe fand und seine Sorgen abschüttelte.
Da sprach Tezcatlipoca:
Wind, die Erde ist des Schweigens überdrüssig.
Sie hat Licht, Farbe und Früchte,
doch fehlt ihr die Musik.
Aller Kreatur soll Musik geschenkt werden.
Dem erwachenden Tag,
dem träumenden Mann,
der wartenden Mutter,
dem fließenden Wasser und dem Vogel in der Luft,
alles Leben soll die Musik erfüllen.
Eile durch die grenzenlose Trauer
zwischen dem blauen Dunst und dem Raum
zum hohen Haus der Sonne.
Umgeben sitzt dort Vater Sonne
von Musikanten,
die süße Töne ihren Flöten entlocken
und mit glühendem Gesange
das Licht ausstreuen.
Eile, bringe die besten
Musikanten und Sänger zur Erde.
Die schweigende Erde durcheilte der Wind,
durchmaß sie mit der Kraft seines treibenden Atems,
bis er erreichte das Dach des Himmels,
wo alle Melodien im Lichte wohnten.
Vierfarbig waren die Musikanten gekleidet;
in Weiß die Sänger der Wiegenlieder,
in Rot die Liebe und Krieg besangen,
in Himmelblau die Troubadoure der wandernden Wolke,
in Gelb die Flötenspieler, die Gefallen fanden
am Golde, das die Sonne von den Gipfeln der Welt holte.
Keine dunkelgekleideten Musikanten gab es.
Glänzend und glücklich waren sie,
ihr Blick war nach vorn gerichtet.
Als die Sonne den Wind entdeckte,
warnte sie ihre Musikanten:
Da kommt der lästige Erdenwind.
Stellt die Musik ein!
Hört auf zu singen!
Gebt keine Antwort!

Wer nicht gehorcht, muß ihm
auf die schweigende Erde folgen.
Auf den Lichtstufen des Sonnenhauses
rief der Wind mit lauter Stimme:
Kommt, Musikanten!
Da antwortete keiner.
Der listige Wind erhob seine Stimme und rief:
Musikanten, Sänger!
Der höchste Gott ruft euch!
Doch blieben die Musikanten stumm
und tanzten im gleißenden Lichte der Sonne.
Da ergrimmte der Windgott.
Aus der Ferne trieb er schwarze Wolken
mit seiner blitzenden Peitsche heran,
das Haus der Sonne zu bestürmen.
Donner ließ er grollen.
Alles verkehrte sich, und die rote
Sonne schien zu ertrinken.
Angstvol suchten Musikanten und Sänger
nun Schutz beim Windgott.
Sanft, damit er die zarten Melodien nicht verletze,
nahm der Windgott sie mit sich zur Erde.
Unten erhob die Erde ihr Antlitz
zum Himmel und lächelte.
Die erwachte Stimme seines Volkes,
die Schwingen des Quetzalvogels,
die Blumen und Früchte grüßten den Gott.
Als die Musikanten sich über die Erde verstreuten
und das Glück einkehrte,
da vergaß der Wind seine Klagen und sang,
Täler, Wälder und Seen liebkosend.
So kam die Musik auf die Erde.
So lernte alles zu singen:
der erwachende Tag,
der träumende Mann,
die wartende Mutter,
das fließende Wasser und die Vögel in der Luft.
Seit damals ist das Leben voll Musik."[22]

b) Die Tragik der Bewußtwerdung im Geist der Musik

Ein Gesang der Freude, der sich in allem Lebenden erhebt mit jedem Morgenrot, der wie schlafend liegt in den Träumen und Hoffnungen der Menschen und der als ein Atem des Himmels in dem Spiel der Farben der vier Weltgegenden die Welt durchweht, das ist die Musik, in welcher das Göttliche selber dem Menschen vernehmbar wird. Und doch gilt das Furchtbare auch: Am Abend des Tags, da man *Milomakis* Gesang auf dem Tanzplatz vor der *maloka* der Yahuna-Indianer vernimmt, wird jeder sterben müssen, der von den Fischen des Flusses gegessen hat. Warum? Das ist das größte Rätsel nicht nur der Mythe von *Milomaki*, sondern des Lebens selbst.

Die wohl wichtigste Deutung des rätselvollen Zusammenhangs von Musik und Schmerz, von Lied und Leid, von Wohlklang und Wehklang verdanken wir im europäischen Denken *Friedrich Nietzsche*; ja, es spricht für das intuitive Genie dieses Propheten einer neuen Rehabilitierung und Rückgewinnung der „Natur", daß seine Intuitionen zentral die Aussagen eines Mythos wiedergeben und interpretieren können, der aus einem vollkommen anderen Kulturkreis stammt und der dem deutschen Philosophen gänzlich unbekannt war. In seiner kleinen Schrift *„Die Geburt der Tragödie aus dem Geist der Musik"* hat *F. Nietzsche* als erster versucht, das Leid aus einem ekstatischen Übermaß taumelnder, weintrunkener, „dionysischer" Lust zu erklären. Auch *Dionysos* ist ein Gott, der (als *Dionysos Zagreus*) wie der thrakische *Orpheus*, wie der indianische *Milomaki*, „zerbirst" und getötet wird[1], der aber im Tode lebt; alle drei stehen mit diesem ihrem Schicksal den „Vegetationsgottheiten" nahe[2], doch *F. Nietzsches* entscheidende Frage galt der *Musik* und, damit unauflösbar verknüpft, der *Individuation*, die er als eine letzte Steigerung aller lebendigen Kräfte und zugleich als deren Auflösung verstand. Das „Dionysische" betrachtete er, in Analogie des Rausches, als eine wonnevolle Verschmelzung und Verzückung, als ein Zerbrechen der individuellen Form des Daseins, wenn sich, wie im „lustvoll durchdringenden Nahen des Frühlings", alles „Subjektive zu völliger Selbstvergessenheit steigert"[3]. „Unter dem Zauber des Dionysischen schließt sich ... der Bund zwischen Mensch und

Mensch wieder zusammen: auch die entfremdete, feindliche oder unterjochte Natur feiert wieder ihr Versöhnungsfest mit ihrem verlorenen Sohne, dem Menschen. Freiwillig beut die Erde ihre Gaben, und friedfertig nahen die Raubtiere der Felsen und der Wüste. Mit Blumen und Kränzen ist der Wagen des Dionysus überschüttet: unter seinem Joche schreiten Panther und Tiger. Man verwandle das Beethovensche Jubellied der ‚Freude‘ in ein Gemälde und bleibe mit seiner Einbildungskraft nicht zurück, wenn die Millionen schauervoll in den Staub sinken: so kann man sich dem Dionysischen nähern. Jetzt ist der Sklave freier Mann, jetzt zerbrechen alle die starren, feindseligen Abgrenzungen, die Not, Willkür oder ‚freche Mode‘ zwischen den Menschen festgesetzt haben. Jetzt, bei dem Evangelium der Weltharmonie, fühlt sich jeder mit seinem Nächsten nicht nur vereinigt, versöhnt, verschmolzen, sondern eins, als ob der Schleier der Maya zerrissen wäre und nur noch in Fetzen vor dem geheimnisvollen Ur-Einen herumflatterte. Singend und tanzend äußert sich der Mensch als Mitglied einer höheren Gemeinsamkeit: er hat das Gehen und das Sprechen verlernt und ist auf dem Wege, tanzend in die Lüfte emporzufliegen. Aus seinen Gebärden spricht die Verzauberung. Wie jetzt die Tiere reden und die Erde Milch und Honig gibt, so tönt auch aus ihm etwas Übernatürliches: als Gott fühlt er sich, er selbst wandelt jetzt so verzückt und erhoben, wie er die Götter im Traume wandeln sah. Der Mensch ist nicht mehr Künstler, er ist Kunstwerk geworden, die Kunstgewalt der ganzen Natur, zur höchsten Wonnebefriedigung des Ur-Einen, offenbart sich hier unter den Schauern des Rausches. Der edelste Ton, der kostbarste Marmor wird hier geknetet und behauen, der Mensch, und zu den Meißelschlägen des dionysischen Weltenkünstlers tönt der eleusinische Mysterienruf: ‚Ihr stürzt nieder, Millionen. Ahnest du den Schöpfer, Welt?‘ “[4]

Aus dem *„Geist der Musik“*, aus dem Sprung und Seitensprung des Tanzes[5], aus der Leichtfüßigkeit der Freude, aus der glückseligen Verschmelzung des Einzelnen mit dem Urgrund des Willens zum Leben selber erhebt sich das Dasein zu seiner höchsten Form; zugleich aber, mitten in dieser rasenden Lust, wird auch das Individuum im Taumel der Vergessenheit seiner selbst am intensivsten bewußt: sobald der

Rausch vergeht, bricht das Grausen auf angesichts des Unheils im Wesen der Dinge, angesichts des Widerspruchs im Herzen der Welt, angesichts des Durcheinanders verschiedener Welten, „zum Beispiel einer göttlichen und einer menschlichen, von denen jede als Individuum im Recht ist, aber als einzelne neben einer anderen für ihre Individuation zu leiden hat“[6]. Da steht auf der einen Seite die „apollinische“ Vergöttlichung der Individuation, mit ihrer Forderung: „erkenne dich selbst“, und: „Nicht zu viel“, als hinderndes Korrektiv gegenüber jeder Selbstüberhebung und jedem Übermaß; auf der anderen Seite aber zeigt sich in der dionysischen Kunst das bloße Maskenspiel des Daseins, hinter dem indessen als der eine wesentliche Grund ein und dieselbe Gottheit sich verbirgt: „der eine wahrhaft reale Dionysus erscheint in einer Vielheit der Gestalten, in der Maske eines kämpfenden Helden und gleichsam in das Netz des Einzelwillens verstrickt.“[7] Die gesamte Sphäre des Individuellen, des „Apollinischen“, ist selber nichts als eine „gleichnisartige Erscheinung“ für die Leiden der Individuation, die der Gott in seinem Tode auf sich nimmt.

Ganz im Sinne *A. Schopenhauers* versteht *Nietzsche* „die Musik als die Sprache des Willens“ zum Leben, der allen Gestaltungen des Daseins zugrunde liegt und als „das ewige Leben jenseits aller Erscheinung“[8] von dem Untergang des einzelnen Lebens nicht berührt wird; erst aus der Kraft der Musik entsteht der Mythos, der *tragische* Mythos mit seiner „Freude an der Vernichtung des Individuums“[9]. „Die metaphysische Freude am Tragischen“, meint *Nietzsche*, „ist eine Übersetzung der instinktiv unbewußten dionysischen Weisheit in die Sprache des Bildes: der Held, die höchste Willenserscheinung, wird zu unserer Lust verneint, weil er doch nur Erscheinung ist.“[10] „. . . die dionysische Kunst will uns von der ewigen Lust des Daseins überzeugen: nur sollen wir diese Lust nicht in den Erscheinungen, sondern hinter den Erscheinungen suchen. Wir sollen erkennen, wie alles, was entsteht, zum leidvollen Untergang bereit sein muß, wir werden gezwungen, in die Schrecken der Individualexistenz hineinzublicken – und sollen doch nicht erstarren: ein metaphysischer Trost reißt uns momentan aus dem Getriebe der Wandelgestalten heraus. Wir sind wirklich in kurzen Augenblicken das

Urwesen selbst und fühlen dessen unbändige Daseinsgier und Daseinslust; der Kampf, die Qual, die Vernichtung der Erscheinungen dünkt uns jetzt wie notwendig, bei dem Übermaß von unzähligen, sich ins Leben drängenden und stoßenden Daseinsformen, bei der überschwenglichen Fruchtbarkeit des Weltwillens: wir werden von dem wütenden Stachel dieser Qualen in demselben Augenblicke durchbohrt, wo wir gleichsam mit der unermeßlichen Urlust am Dasein eins geworden sind und wo wir die Unzerstörbarkeit und Ewigkeit dieser Lust in dionysischer Entzückung ahnen. Trotz Furcht und Mitleid sind wir die glücklich Lebendigen, nicht als Individuen, sondern als das eine Lebendige, mit dessen Zeugungslust wir verschmolzen sind."[11]

Eine ingeniösere Deutung für das Wesen der Musik und die Entstehung des Mythos ist nicht denkbar, als *Nietzsche* sie hier gibt; sie bietet zugleich auch den Schlüssel, um die indianische Erzählung von *Milomaki* zu verstehen, der mit seinem Gesang den Leuten, die von den Fischen des Flusses aßen, den Tod brachte: Die wunderbaren Lieder, mit denen der Sohn der Sonne die Menschen in seine Nähe lockt, erheben die Hörenden auf eine Höhe des Empfindens, auf welcher in einem Rausch des Glücks alle Unterschiede zwischen den Einzelnen wie aufgehoben scheinen; zugleich aber ist es diese Ahnung der Einheit von allem, was lebt, die den zerreißenden Widerspruch zwischen den Kreaturen in eine äußerst schmerzhafte Spannung setzt. Die Kostbarkeit und Schönheit des Daseins überstrahlt jedes einzelne Leben mit umso größerem Glanz, als es sich eben noch auf den Wogen des Gesangs bis an die Gestade der Unendlichkeit hinübertragen ließ; doch um so lähmender drückt jetzt das Leid der Vergänglichkeit jedes einzelne Leben nieder. Der Gesang *Milomakis*, das *orphische* Lied, die Musik des *Dionysos*, – sie alle enthalten neben dem Gefühl für die Größe des Alls zugleich auch das Empfinden für die Nichtigkeit des Individuellen. Es ist das erste Mal, daß der Mensch seiner selbst im Lied bewußt wird, daß er heraustritt aus der einfachen Identität der tierischen Daseinsform und seiner Lage in der Welt inne wird, da ergreift ihn zugleich mit der Lust des Lebens die Klage über die Endlichkeit; unauflösbar tritt der Wille zum Leben, der als ein *cantus firmus*, als Grundmelodie, in allem atmet und sich aussingt, in seinen eigenen Gegensatz, indem die Einheit des Allgemeinen in die einander wechselseitig bekämpfende Vielfalt des Einzelnen sich zerlegt. Die Trauer um die Gewißheit des eigenen Sterbens entsteht, sowie, eins damit, das Gefühl der Schuld gegenüber der notwendigen Tötung des fremden Lebens. Alles Leben, eben weil es getragen wird vom Willen zum Leben, sucht sich selber im Dasein zu erhalten und ist daher angewiesen auf die Zerstörung anderen Lebens, das seinerseits sich zu behaupten trachtet, indem es fremdes Leben hinwegrafft[12]. In der Tat: *Milomakis* Gesang, indem er die Symphonie des Alls auferbaut über den Pausen und Leerräumen des Nichts, der Vernichtung, des Abbruchs jeder einzelnen Note, lehrt die Menschen ein unausweichlich *tragisches* Lied: indem er sie einführt in den Tanz des Glücks, unterweist er sie notgedrungen auch in dem Totentanz des Lebens, und beides ist voneinander nicht zu trennen. Würden wir das Glück und die Freude nicht kennen, so wäre der Tod uns kein Schmerz; nur um das, was wir lieben, können wir trauern; und nur die Lust des Lebens belastet uns mit dem Leid des Sterbens – ein ekstatisches Rondo in den Synkopen von Geburt und Tod, von Zeugen und Verzehren, von Fressen und Gefressenwerden. – Jahrtausendelang mögen Menschen oder, besser, menschenähnliche Wesen, Anthropoiden, an Flüssen wie dem Rio Apaporis oder dem Rio Caquetá Fische gefangen und erlegt haben; erst in dem Moment, da sie die verborgene Musik der Seligkeit und des Schmerzes aus dem Munde *Milomakis* vernehmen, erst da sie begreifen, was es heißt zu leben, wird ihnen der Tod zum Problem, das Töten zur Schuld und das Leben zur Aufgabe – oder zum Fluch. Erst von diesem Augenblick an beginnt für sie das wirkliche, das „erwachsene" Leben. *Milomaki* selbst, als die Leute ihn ergreifen, ist zum *Jüngling* herangewachsen, ein Wissender also, dem die Augen sich geöffnet haben und der sein Wissen bezahlen muß, indem der Tod ihm die Augen schließt – für diese Welt und ihn zugleich darin bestärkt, ein Seher zu sein – für eine andere Welt.

c) Zu sterben als ein sich vollendender Gesang

Warum aber, muß man sich jetzt fragen, sind es gerade *Fische*, an denen die Yahuna-Indianer sich wie an einem Sakrament der Sterblichkeit, am Abend des Tages, da Milomaki auf ihrem Tanzplatz zu singen begann, den Tod essen? Weil Fische ihre Hauptnahrung bilden, gewiß. Doch eben, weil Fische für sie als Nahrung eine große Rolle spielen, dürften die Fische für sie auch als Symbol von Bedeutung sein[1]. So wissen wir, daß die Indios am Rio Apaporis bei ihren Maskentänzen zur Erntezeit die übernatürlichen Wesen darstellen, um sie günstig zu beeinflussen. Es gibt dabei mehrere Geister, mehrere *rmu*. So ist der *nokoro rmu* „ein Fischgeist. Der *nokoro* ist ein kleiner Fisch, dem sexuelle Bedeutung zugesprochen wird, weil er mit dem Mund den menschlichen Körper im Wasser berührt. Die Maske besteht aus einer Maskenkapuze aus Rindenbaststoff mit aufmodelliertem Gesicht.“[2] *Sexuelle* Bedeutung – das bedeutet vor allem: Teil der Kräfte der Regeneration. Von den Bororo-Indianern z. B. beschreibt *Claude Lévi-Strauss*, daß für die Indios ihre eigene menschliche Gestalt sich als „eine Übergangsform zwischen einem Fisch – dessen Namen sie tragen – und dem Arara darstellt, in dessen Gestalt sie den Zyklus der Transmigrationen beenden werden“[3]. Die *Fische* stellen demnach so etwas dar wie die unterste Ebene der menschlichen Existenz, – eine Vorstellung, die unerhört modern anmutet, wenn wir bedenken, daß in der Tat nicht nur alles Leben der Wirbeltiere auf dem Lande durch die Evolution der Fische im Meer ermöglicht wurde, sondern daß, entsprechend *Haeckels* biogenetischer Grundregel[4], auch ein Menschenembryo zunächst die Kiemenbildung der Fische ausprägt, ehe es nach und nach seine menschliche Form erlangt. Doch was für uns Biologie, ist für die Indios ein metaphysischer Hinweis, ein sinnhaltiges Symbol. Daß wir auf der untersten Stufe der Entwicklung Fische nicht nur *waren*, sondern *sind*, läßt sich beobachten; doch wie nun, wenn die Vielfalt der Gestaltungen des Lebens weit über uns hinausginge und uns bis zu den Vögeln, bis zu den Wolken und bis zu den Sternen hinauftrüge? Weil wir Fische sind, sind wir auch Araras; das ist der indianische Gedanke: wenn es möglich ist, daß aus Fischen Menschen hervorgehen, so können

auch Menschen selber noch etwas ganz anderes werden, so sind wir als Menschen offenbar bereits viel mehr, als wir scheinen[5]. Ein gutes, nur schwer zu widerlegendes „Argument“. Gleichwohl scheint es nur erst ein schwacher Trost gegen den Tod zu sein, der für das Denken der „Primitiven“ stets noch etwas anderes ist als „nur“ ein Ergebnis biologischer Gesetze; und eben diese Vorstellung zieht wiederum eigenartige Konsequenzen nach sich: den Gedanken der *Strafwürdigkeit der Natur für den Tod.*

Man hat in Ethnologie und Prähistorie lange Zeit gemeint, daß es in dem magischen Weltbild der „Wilden“ einen natürlichen Tod nicht gebe; wer stirbt, werde das Opfer eines geistigen Anschlags, verübt von bösen Geistern (Dämonen oder Verstorbenen) oder von einem Schadenszauber, den ein Feind arrangiert habe. *Lévi-Strauss* bezeichnet diese Ansicht zumindest für die Amazonas-Indianer als „sehr ungenau“; „der Mensch ist für sie“ (für die Bororo, d. V.) kein Individuum, sondern eine Person. Er ist nicht nur Teil eines sozialen Universums, z. B. des Dorfes, das seit Ewigkeit besteht, sondern auch des physischen Universums, dem noch andere beseelte Wesen angehören, z. B. die Gestirne und die meteorologischen Erscheinungen.“ „Die Frage, ob der Tod natürlich oder widernatürlich sei, verliert somit ihren Sinn, denn der Tod ist sowohl *natürlich* als auch *antikulturell*. Jedesmal, wenn ein Eingeborener stirbt, werden nicht nur seine Angehörigen, sondern die ganze Gesellschaft betroffen. Der Schaden, den die Natur der Gesellschaft zugefügt hat, zieht eine Schuld der Natur nach sich . . . Wenn ein Eingeborener stirbt, organisiert das Dorf eine gemeinsame Jagd, die jene Hälfte durchzuführen hat, welcher der Verstorbene nicht angehörte. Es handelt sich um eine Expedition gegen die Natur, auf der ein großes Wild erlegt werden muß, wenn möglich ein Jaguar, dessen Fell, Krallen und Zähne die Sühne der Natur für den von ihr verschuldeten Tod bilden werden.“[6]

Die Jagd auf das Raubtier Tod, die Tötung dessen, der in Verkörperung der Würgerin Natur die Menschen reihenweise, einer Pestilenz gleich, hinwegrafft, ein gerechtes *jus talionis* gegen Milomaki, der des Todes schuldig ist, weil er mit seinen Gesängen über die fischeessenden Männer den Tod gebracht hat, das ist es, was jetzt in gerechtem Zorn, wie es scheint, das

Sinnen und Trachten der Männer bestimmt. Der brennende Schmerz über den Verlust der Angehörigen verlangt danach, Milomaki selbst zu verbrennen, und an eben dem Ort, wo er seine lebenverzückenden, todentrückenden Lieder sang, auf dem Tanzplatz vor der *maloka*, wird man den Holzstoß bereiten, um ihn den Flammen zu überantworten. „Milomaki muß sterben", so lautet das einhellige Urteil, das die Männer exekutieren werden. Bis in das Detail hinein vollzieht sich dabei dieses urtümliche Rechtsurteil: Gleiches für Gleiches: Ins Feuer geworfen zum Rösten werden *die Fische*, und es ist das Vorrecht der Männer, sie zu fangen und zu braten[7]; wenn es aber wesentlich der Genuß *der Fische* ist, der nach Milomakis Gesängen die Menschen tötete, so muß jetzt Milomaki selber ins Feuer, ganz so, als wäre er selber ein Fisch. Er hat „die Brüder" getötet, er muß selbst von den Brüdern getötet werden.

Dabei wäre es zu kurz gedacht, nur an eine archaische Form von „Gerechtigkeit" zu denken. Indem die Männer den Tod, der sie tötet, selbst in die Hand nehmen, *identifizieren* sie sich zugleich auch selber mit ihrem Gegner; selber werden sie als Überlebende für Milomaki dem Tode gleich, um weiterzuleben[8]. Die vom Tode bedrohte Existenz gewinnt ihre Sicherheit offenbar nur zurück, indem sie selber den Tod in ihre Praxis übernimmt. Wenn es schon nicht möglich ist, den Schmerz des Lebens von sich fernzuhalten, liegt eine gewisse Genugtuung doch darin, ihn weiterzugeben. Aggression, sagt man psychoanalytisch, stelle eine Ichfunktion dar[9]; so kann man verstehen, daß sich in der Aktion der Strafe nicht nur die vermeintliche Ordnung des Rechts wiederherstellt, sondern ineins damit auch das gefährdete Ich in sein Gleichgewicht zurückfindet.

Und doch hört Milomaki nicht auf, selbst im Tod noch zu singen! Gewiß, darin zeigt sich auch der beispielhafte Mut des Jünglings Milomaki, der die „Feuerprobe" so mannhaft erträgt und dadurch den Heranwachsenden des Stammes zum Vorbild dienen mag; doch ist es nicht eigentlich „Mut", es ist weit eher die *Treue zu sich selbst*, die den Knaben aus dem Sonnenhause an seinem Gesang festhalten läßt. Es handelt sich um ein beliebtes, archetypisches Motiv der Weltliteratur: *Sokrates,* berichtet *Platon*, habe noch am Tage seiner Hinrich-

tung im Gefängnis von Athen mit seinen Schülern über die Unsterblichkeit der Seele gesprochen und, sterbend schon, sie angewiesen, dem *Asklepios* noch einen Hahn zu opfern[10]; das Tier des Sonnenaufgangs und der Gott der Heilkunst gegen den Tod – ihnen galten die letzten Gedanken des griechischen Weisen[11], und er nahm die Überzeugung, aus welcher er lebte, mit in den Tod. – Ein anderes Beispiel liefert in den Evangelien des Neuen Testamentes die Person *Jesu*. Als er unter der gräßlichen Folter der Kreuzigung starb, soll er doch die Gebete und Lieder des israelitischen Psalters auf den Lippen getragen haben: den Psalm 22: „Mein Gott, mein Gott, warum hast du mich verlassen?", oder den Psalm 31: „In deine Hände gebe ich meinen Geist."[12] Es gehört zu dem Typos des ungerecht Leidenden[13], daß er auch im Tode nichts zu bereuen hat, sondern bis in den Augenblick des Sterbens hinein sich selber so mitnimmt, wie er immer gelebt hat. Milomaki, dessen ganzes Dasein ein gestaltgewordener Gesang war, wird in der Musik seiner Lieder auch im Tode nicht widerlegt werden, im Gegenteil: sein Gesang wird dem Tode unbeirrt standhalten.

Rätselhaft bleiben dabei die Worte, die Milomaki singt: „Jetzt sterbe ich, mein Sohn, jetzt verlasse ich diese Welt!" Wer ist hier der „Vater", der so zu seinem Sohne spricht? Sind dies Worte eines Beistandes, mit denen der Sonnengott selber sich zu seinem Sohn bekennt, um ihm zu sagen, daß mit dem Tod Milomakis das Licht selber von der Erde zu entschwinden droht? Dann entspräche diese Szene ganz dem Bild, das im Neuen Testament Mk 15,33 malt, wenn im Augenblick des Todes Jesu, um die neunte Stunde, die Sonne sich verfinstert[14]. Oder sind dies die üblichen Abschiedsworte, mit denen ein Mann, wenn er stirbt, sich von seinen Kindern zurückzieht? Dann spräche Milomaki wie einer der Ahnen zu den Mitgliedern der gegenwärtigen Generation. In jedem Falle scheint es sich um Formelverse zu handeln, die Milomaki selber als Sohn der Sonne seinen (geistigen) Kindern zuspricht. So oder so offenbart er sich damit selbst in seinem wahren Wesen: er kommt aus dem Wasserhause, aus der Heimat der Sonne, er ist das Leben, er ist nicht der Tod. Oder anders gesagt: er umgreift auch den Tod als einen Teil seiner Musik, er erklärt und verklärt auch das Sterben zu einer Sequenz innerhalb der Partitur des Lebens. Ja, er vollzieht völlig bewußt jedes einzelne Moment seines Sterbens und verwandelt es, „immer noch in herrlichen Tönen", in einen Teil der Symphonie des Daseins: „Jetzt zerbricht mein Leib, jetzt bin ich tot!" Milomaki, so betrachtet, bringt nicht den Tod, er macht mit seinem Gesang nur die Gesamtheit des Lebens, zu dem auch der Tod unabdingbar gehört, den Hörenden bewußt, und so bezieht er auch das Sterben, ja, selbst den gewaltsamen Tod mit ein in das Lied der unvergänglichen Schönheit des Lebens. Die Lieder Milomakis, so verstanden, lehren recht eigentlich, „richtig" zu leben und „richtig" zu sterben – das Leben selber als ein Lied, der Tod selber als ein Gesang. Es gibt nichts mehr zu fürchten für den, der an Milomakis Weisen Weisheit gelernt hat.

Vielleicht ist zum Verständnis für diese Aufhebung des Schmerzes, der im Mund Milomakis sich als „herrlicher Ton" erhält, eine leichte Verschiebung des Genus erlaubt. Wir hörten soeben, wie stark der Mythos sich mit der Musik verknüpft; dabei kann leicht in Vergessenheit geraten, daß die Musik selbst, wie wir sahen, der Ort auch für die Entstehung des gesprochenen Wortes, der musikalischen Rede, der Dichtkunst (gewesen) zu sein scheint. Ziehen wir zum Verständnis des Sterbens als eines sich erfüllenden Gesangs ein Beispiel der Dichtung herbei, so hat wohl niemand so sehr das Widerspiel und Zusammenspiel von Schmerz und Schönheit betont wie der algerische Dichter *Albert Camus*. In seiner existentialistischen Weltsicht galt ihm das menschliche Dasein vor allem angesichts der blutigen Arithmetik des Todes[15] als schlechthin absurd. *Camus* forderte die Menschen auf, sich zusammenzuschließen gegen den gemeinsamen Feind aller, gegen den Tod, um sich in einer metaphysischen Revolte gegen die Kürze und Vergeblichkeit des menschlichen Lebens miteinander zu verschwistern[16] – eine geistige „Strafexpedition" gegen den Tod, sozusagen. Derselbe Dichter aber, der die gesamte menschliche Existenz vom Tod überschattet sah, wußte nur allzu gut, daß das Leiden am Tod dem Glück über die Schönheit der Welt entstammt, und so besang er immer wieder das Spiel von „*Licht und Schatten*"[17], suchte er die „*Heimkehr nach Tipasa*"[18], und wehrte sich gegen die Ideologisierung und Politisierung der Kunst ebenso wie gegen die erdrückende Überbewertung der Geschichte, von der im Betrachten der Schönheit der Welt sich zu erholen offenbar keine moralische Erlaubnis mehr besteht, sobald die Fragen der Gesellschaft absolut gesetzt werden. „*Helena im Exil*"[19], lautete seine Diagnose des „Zeitgeistes", oder: „ein Maulwurf meditiert"[20]. Wenn es aber die Schönheit der Welt ist, deren Zauber selbst den Schmerz des Todes noch überstrahlt, dann ist es wesentlich die Kunst, die in der Beschreibung der Absurdität des menschlichen Daseins zugleich auch den Mut zum Sinn und den Willen zum Engagement freisetzen kann. Die Dichtung verleugnet nicht den Tod noch die Absurdität des menschlichen Daseins; doch selbst in der Trauer, im Schmerz und in der Verzweiflung öffnet sie den Blick für die ursprüngliche Bejahung des Lebens in all seiner Größe, in seinem verborgenen Heroismus und in seiner kontrastreichen Harmonie. Das „*mittelalterliche Denken*", das *Camus* im Erbe der griechischen Antike zurückzugewinnen suchte[21], brachte ihn unvermerkt auch in die Nähe zu *Nietzsches* Rückbesinnung auf Dionysos als Gott: Selbst dort, wo der Tod den Menschen überwältigt, erstirbt nicht der Gesang des tragischen Chores; da hören die Lieder, und sei es im Tone der Klage, nicht auf; da singt Milomaki und zeigt noch im Sterben, daß die Musik des Lebens stärker ist als der Schmerz des Todes. Ästhetisch bleibt das Leben siegreich. Und so sind es wesentlich die Musik und die Dichtung, die selbst die Notwendigkeit des Sterbens in das Teilmoment einer umgreifenden Symphonie verwandeln.

Wie lernt man es, den Tod zu „überspielen" bzw. bis zum letzten *auszusingen*, – das ist die Frage, die Milomaki durch die Art seines Sterbens stellt und beantwortet. Paradox genug: wir kennen in unserer Kultur das Beispiel des *Sokrates*, wir hören in der religiösen Unterweisung von dem Sterben *Jesu*, aber es ist, wie wenn diese Vorbilder vollkommen neutralisiert würden durch die wirkliche Einstellung, die wir in unserer Kultur dem Tod entgegenbringen. Obwohl wir wissen, wie unausweichlich der Tod zum Leben gehört, weigern wir uns, diese Tatsache anzuerkennen; vielmehr versuchen wir mit allen Mitteln der Medizin und der Naturwissenschaft, den Tod zu jagen wie ein letztes noch nicht erlegtes Ungeheuer, und wir verfügen über keinerlei Verfahren, den Tod als

Teil unseres Lebens zu integrieren. Es wäre unzweifelhaft eine entscheidende Hilfe, wir könnten in unserem Daseinsentwurf die Kunst wiedererlernen, die Melodie des eigenen Daseins bis in den Tod hinein durchzuhalten; doch wo, wenn nicht in der Musik und in der Dichtung, ließe sich nach dem Verlust der religiösen Sinngebung des Lebens in unserer Kultur eine solche integrale Haltung dem Tod gegenüber zurückgewinnen? Man müßte den Gesang Milomakis, ganz wörtlich, wie eine Art *Musiktherapie* einsetzen, um mit dem Tod zu leben und im Leben das Sterben zu lernen. *Vivaldis „Die vier Jahreszeiten"*[22] etwa böten in unserer Kultur ein Beispiel für die Einordnung des Menschen in den Zyklus der Zeit; *Schuberts* B-Dur-Sonate[23] ist wie das Vermächtnis eines Sterbenden, eines von der Syphilis bereits zum Tode Verurteilten, an die Schönheit der Auferstehung des Lebens; oder *Gustav Mahlers* 4. Symphonie[24] – man höre den Beginn des 3. Satzes –, es ist wie ein begütigendes Flehen um Erbarmen, wie ein getragenes Schweben über dem Abgrund, wie ein sanfter Regen, der sich herabsenkt über ausgedörrtes Land. Auch an *Händels* „Messias"[25] ließe sich denken, an den Gesang des guten Hirten, der das verlorene Schaf in seine Arme schließt und in Sicherheit bringt. Und vielleicht sogar wäre es möglich, aus dem „Geist der Musik" die christliche Hoffnung, den christlichen „Mythos" der Auferstehung neu fühlbar, neu hörbar zu machen. *Händel* selbst schrieb seinen „Messias" im Angesicht des Todes als eine Ode des wiedererstandenen Lebens an die Unsterblichkeit: entgegen aller ärztlichen Erwartung war er von einem schweren Schlaganfall genesen, und er komponierte sein geistliches Singspiel in dem Rausch der Dankbarkeit eines noch einmal dem Dasein Zurückgegebenen; alle Tantiemen sollten auf immer bestimmt sein für die Waisenhäuser der Stadt London[26], als ein Zeichen des Erbarmens mit aller Menschennot, denn was wären wir anderes als Heimatlose und Verlassene gegenüber dem scheinbaren Allherrscher Tod? Es müßte eine Musik geben, die wie der Klang fremder Sphären zu uns kommt und die doch, wie die *Pythagoreer* glaubten[27], als ein Gesetz harmonischer Teilung in allen Dingen wiedererklingt. Und es müßte möglich sein, diesen Klang der Ewigkeit zu erlauschen und in einer Art Eurythmie des Daseins zu „tanzen", bis in den Tod hinein und noch darüber

hinaus. Es wäre in der Begleitung Sterbender ein wichtigeres Medikament als alle ärztliche Betreuung. Es wäre der gelebte Triumph des Lebens über den Tod, es wäre die *Himmelfahrt* Milomakis, dessen Seele nun aus der zerborstenen Hülle seines Leibes als Arara aufsteigen wird zum Himmel.

Es gibt gute Gründe zu glauben, daß die Vorstellung der *Himmelfahrt* die früheste Form darstellt, in welcher Menschen sich ein anderes Leben jenseits des irdischen Daseins ersehnt und erträumt haben[28], und zugehörig dazu ist die Vorstellung von der *Seele* des Menschen *als* einem *Vogel*, der im Tode zurück will zu seiner Heimat unter den Sternen[29]. „Du bist ein Papagei", sagen die Bororo-Indianer zu einem lebenden Menschen[30]. *Religionsgeschichtlich* betrachtet, mag man darin ein totemistisches Welt- und Menschenbild erblicken, und *tiefenpsychologisch* läßt sich an diesem Beispiel zeigen, wie ein bestimmtes Modell vom Menschen vorwegbestimmt, in welcher Weise wir uns selber fühlen und uns selber sehen[31]; gleichwohl zeigt sich auch hier, daß der Inhalt eines zentralen religiösen Symbols sich nicht auf die soziale Sonderform seiner historischen Entstehung und sozialen Anwendung reduzieren läßt, sondern daß sich in ihm zumeist Erwartungen und Hoffnungen aussprechen, die archetypischer Natur sind und die sich immer wieder in ganz verschiedenen Kulturräumen und unter ganz verschiedenen Bedingungen der gläubigen Vorstellung aufgedrängt haben. Die Seele eines Menschen als ein schwingenbreitender Vogel, der im Moment des Todes sich zum Himmel erhebt, – das war z. B. die Vorstellung auch der Alten Ägypter von dem goldenen *Ba*-Vogel, der das Gesicht des Verstorbenen trug und offenbar die Unsterblichkeit der individuellen Existenz verkörperte[32]; die mittelamerikanischen *Azteken* erblickten die Seele verstorbener Menschen in der Gestalt eines Schmetterlings[33], und dieser Glaube ist es wohl, der etymologisch auch dem deutschen Wort „Seele" selber zugrundeliegt[34]. Während der Leib eines Menschen zu Staub und Asche zerfällt (alle Verwesung ist chemisch gesehen nichts weiter als ein langsamer Verbrennungsprozeß), erhebt sich die Gestalt seines Ichs, seine Seele, seine Person, sein wahres Selbst, wie immer man es nennt, über die Behinderungen von Raum und Zeit hinweg und setzt sich frei ins „Licht", – ein Akt zweiter Bewußtwerdung.

O. Zerries und *M. Schuster* trafen bei den *Waika*-Indianern am Oberen Oriniko den Glauben an, daß die Totenseele *nobolebe* mit dem Rauch des Leichenfeuers zum Himmel aufsteige und sich dort mit der Schattenseele *noneshi* verbinde; diese Schattenseele ist so etwas wie das alter-ego, das Unbewußte des Menschen, und kann als Pflanze oder Tier erscheinen[35]. In europäischen Begriffen müßte man wohl sagen, im Tode würden Bewußtsein und Unbewußtes, Ich und Es, Person und Selbst miteinander eins. Es ist, als wenn die Zerstörung des Feuers nur dazu dienen würde, die Essenz des Lebens aus dem Körper herauszuschmelzen, – ein Gedanke, der insgesamt dem Ritus der Brandbestattung zugrunde liegen dürfte[36]. Die Seele selber ist dem Feuer und dem Licht verwandt – auch das ist ein „Völkergedanke"[37]. „Feuer, Holz und Sonne sind (bei den Indios der tropischen Waldgebiete, d.V.) häufig stammverwandte Worte, da die bezeichneten Gegenstände vorstellungsmäßig zusammengehören."[38] Doch man muß Gedankenverbindungen dieser Art, statt sie einfach zu konstatieren, als Symbole auf sich wirken lassen, um die Wirklichkeit zu verstehen, die sich in ihnen mitteilt. Wir treffen dann auf eine Überzeugung, die der Auffassung *F. Nietzsches* sowohl entspricht als auch in einem entscheidenden Punkte widerspricht.

Es *ent*spricht *Nietzsches* (bzw. *Schopenhauers*) Verständnis des Tragischen in der Musik, daß der Mensch durch sie in die Sphäre des Überindividuellen erhoben wird, wo der Wille zum Leben an sich, jenseits der Vielfalt der Erscheinungen, sich offenbart. Nach dieser Vorstellung *gibt* es eine „Unsterblichkeit", doch nur in der Allgemeinheit des Willens zum Leben, der sich selbst gleichbleibt wie das Meer in dem Kommen und Gehen von Ebbe und Flut; es gibt hingegen keine „Unsterblichkeit" für das Individuum, das im Rauschen der Wellen als leeres Strandgut am Gestade der Ewigkeit ausgeworfen wird. Im Gegenteil; nach *Nietzsches* Auffassung entsteht aus der Wonne und dem Rausch beim Klang der Musik förmlich das Bedürfnis, den kleinlichen Anspruch des Individuellen abstreifen zu dürfen und das widerstrebende Individuum an den Gesetzen des Allgemeinen scheitern zu sehen. *Anders*, ganz anders hingegen denkt die Mythe der Yahuna-Indianer von Milomaki. Wohl beschreibt auch sie die physi-

sche Vernichtung des Helden in Konsequenz seines Gesangs, doch ihr Ziel ist es, zu zeigen, wie aus der Asche seiner sterblichen Hülle seine Seele vogelgleich sich zum Himmel erhebt. Die Unzerstörbarkeit des Individuellen, die Unsterblichkeit des Personalen, die Unvergänglichkeit eines Einzelmenschen – *darin* besteht *die eigentliche Vision und Verheißung* der indianischen Mythe. Nicht die Lust am Schmerz des Tragischen, sondern die Überwindung des Tragischen in der Lust eines ewigen Lebens bildet das Ziel der Erzählung, das sie mit der Grundüberzeugung fast aller Religionsformen der Menschheit teilt. Dabei muß es freilich eine Frage der Interpretation bleiben, wie man den Sinn der „Himmelfahrt" der „Seele" versteht. Rein äußerlich genommen, scheint im Moment des Todes die Seele eines Verstorbenen sich selbst in ein Tier (einen Papagei, einen Schmetterling, einen Jaguar u. ä.) zu verwandeln; in Wahrheit aber dürfte der „Totemismus" solcher Vorstellungen selber wesentlich einen symbolischen Wert besitzen, d. h., daß das entsprechende Seelentier lediglich die Form darstellt, in welcher man sich ein Weiterleben nach dem Tode am ehesten vorstellen kann[39] bzw. in welcher man die Verschmelzung mit der Schattenseele des Unbewußten am geeignetsten symbolisiert finden mag. Zu Recht verzichtet die Mythe der Yahuna-Indianer denn auch gänzlich auf das beliebte Bild der Tierverwandlung der Seele selbst und spricht einfach von der Auffahrt der Seele zum Himmel.

d) Das Lied der Vergebung

Allerdings klingt damit zugleich auch ein Problem an, das in der indianischen Erzählung nicht weiter thematisiert wird, das aber zu der *„Geburt der Tragödie aus dem Geist der Musik"* wesentlich gehört: das Problem der Schuld. Wenn Milomaki, der Sohn aus dem Hause der Sonne, mehr ist als nur die Verkörperung des „Gesangs" der Natur, wenn er mehr ist als nur die Personifikation des ewigen Stirb und Werde im Kreislauf der Natur, wenn er selber als eine individuelle Person mit einer unsterblichen Seele in Erscheinung tritt, dann ergibt sich daraus eine schwerwiegende Folgerung: es war kein gutes Recht, wie man meinte, es war ein Verbrechen, Milomaki zu töten. Man mag die Naturordnung selber, die Symphonie des Willens zum Leben in allen Dingen mit *Schopenhauer* und *Nietzsche* als tragisch empfinden, – es liegt doch immer noch so etwas auch wie eine Versöhnung mit dem schrecklichen Geschehen des Naturkreislaufes in der Überzeugung, daß alles Individuelle nichts weiter sei als Täuschung und Schein, als Schleier der Maya, als eine aufzuhebende Illusion. Die Tötung einzelnen Lebens darf solange als notwendig und sogar als unbedenklich gelten, als der Geist der Musik gerade dahin erzieht, die Besonderheiten des Individuellen abzustreifen, um im Strom des Lebens zu versinken. Die Entdeckung der Yahuna-Indianer beim Tod Milomakis aber scheint gerade darin zu liegen, daß ihnen die Unsterblichkeit und damit die Größe eines einzelnen Lebens, einer individuellen „Seele" bewußt wird: Milomaki kehrt nicht einfach ein in das Kommen und Gehen von Geburt und Tod, von Reifen und Welken, von Erblühen und Verblühen, er war und ist etwas ganz Besonderes, das vom Himmel auf die Erde herabgekommen ist und zum Himmel zurückkehrt, und dieses Besondere zu töten, als wäre es nichts als ein Teil des Allgemeinen, *das ist* im tiefsten ein Unrecht, *das ist* eine nie wiedergutzumachende Schuld. Wohl machte *F. Nietzsche*, zur Entlastung von dem depressiven Charakter der *Schopenhauer*schen Weltbetrachtung, den Vorschlag, „die Moral selbst in die Welt der Erscheinungen zu setzen, herabzusetzen und nicht nur unter die Erscheinungen . . ., sondern unter die ‚Täuschungen', als Schein, Wahn, Irrtum, . . . Zurechtmachung . . .; denn vor der Moral . . . muß das Leben beständig und unvermeidlich Unrecht bekommen, weil Leben etwas essentiell Unmoralisches ist, – muß endlich das Leben, erdrückt unter dem Gewichte der Verachtung und des ewigen Neins, als begehrens-unwürdig, als unwert an sich empfunden werden."[1] Daran darf als wahr gelten, daß kein Mensch mit der Schuld zu leben vermag, die es kostet, immer und immer wieder dasjenige töten zu müssen, wovon er selber lebt. Aber läßt sich die drohende Gefahr der Lebensüberdrüssigkeit und Lebensüberflüssigkeit unter der Last ständiger Schuldgefühle wirklich dadurch vermeiden, daß man mit *Nietzsche* die Moral als Illusion entwertet und den gesamten Konflikt der Ethik mit den Mitteln der Ästhetik aufzuheben sucht? Rechtfertigt wirklich die nicht zu leugnende Schönheit der Welt jedwede Grausamkeit, die Menschen verüben? Die Erfahrung, die der Yahuna-Mythe zugrunde liegt, scheint gerade umgekehrt zu lauten: erst im Moment, da Milomaki stirbt und seine Seele zum Himmel emporsteigt, erkennt man, *wen* man auf dem Tanzplatz vor der *maloka* getötet hat, erst jetzt, wo es zu spät ist, erwacht das Empfinden schweren Unrechts – niemals hätte man tun dürfen, was man doch nur tat im Gefühl, ein verletztes Recht zu ahnden und also Gerechtigkeit zu wirken. Kann es nicht sein, so scheint die kleine indianische Mythe zu fragen, daß selbst unser „Recht" uns am Ende ins Unrecht setzt und wir immer erst hinterher sehen, was wir wirklich getan haben?

Auch dieses Motiv der stets zu späten Einsicht ist ein Archetyp und gehört offenbar unabtrennbar in den Kontext der gewaltsamen Tötung des göttlichen Helden. Im Neuen Testament beispielsweise glaubt der Hohe Priester mit seinem Todesurteil gegen den Mann aus Nazareth im Namen Gottes zu handeln[2], und er verklagt ihn und seinen göttlichen „Gesang" der Liebe vor dem römischen Prokurator wegen Anarchie und Volksverhetzung (Lk 23,5); doch selbst der heidnische Hauptmann unter dem Kreuz muß im Moment des Todes Jesu, während die Sonne sich verfinstert (Mk 15,33) und die Erde bebt (Mt 27,51), erkennen, daß es „ein Gottessohn" war, der auf den Befehl des Statthalters hin getötet wurde[3]. Es ist das ewige Rätsel, daß Menschen offenbar immer wieder die ungeheuerlichsten Dinge tun müssen, ehe sich ihnen die Augen öffnen und sie merken, was sie, vermeintlich in bester Absicht und guten Gewissens, in Wirklichkeit angerichtet haben; ja, es scheint keinen anderen Weg zu geben, als wenigstens nachher, im Rückblick, zu sehen, was da eigentlich geschehen ist[4]. Immer wieder wird gerade das Kostbarste unter den Menschen, das, was am meisten von Gott ist, getötet, im Wahn, damit Gott einen Dienst zu erweisen (Joh. 16,2); aber es bleibt doch auch diese winzige Hoffnung auf die Fähigkeit des Menschen zu später Erkenntnis und Reue. Die Männer, die meinten, Milomaki im Namen der Gerechtigkeit töten zu müssen, begreifen erst jetzt, was sie angerichtet haben, da vor ihren Augen der Sohn der Sonne, biblisch gesprochen, „erhöht" wird (Joh 12,32). Doch gerade das gehört zu jener „tragischen" Logik: daß die Menschen das Schlimmste nur tun können, während sie subjektiv wähnen, das Beste zu tun; nicht die spontane, die vermeintlich „tierhaft" im Menschen lauernde Aggressivität ist das buchstäblich Fürchterliche am Menschen, sondern die organisierte, ideologisch gerechtfertigte, die typisch *menschliche* Form der Gewalt.

Dann aber scheint es wie ein Fluch über uns zu liegen, daß wir Weisheit und Güte, Poesie und Verständnis allem Anschein nach immer wieder nur lernen können, wenn wir zunächst das Gegenteil: Dummheit und Grausamkeit, Stumpfheit und Borniertheit gründlich genug „ausagiert" haben. Es ist ein Gedanke, der jeden Moralisten und Menschenfreund erschaudern läßt, der aber psychoanalytisch gut begreifbar scheint: daß die Menschen das latente Potential des Zerstörerischen ihrer Psyche erst wirklich zu integrieren vermögen, wenn sie es nach außen setzen dürfen. Selbst die Verfahren der Psychotherapie vermögen daran nichts zu ändern, sie können lediglich versuchen, das Austragen der aggressiven Konflikte mit symbolischen Mitteln, z. B. der Traumarbeit und des Psychodramas, zu ritualisieren und somit aus der Alltagswirklichkeit herauszunehmen; ja, es scheint der Grundgedanke von *S. Freuds* Überlegungen in *„Totem und Tabu"* so verkehrt nicht, daß die psychoanalytische Behandlung im Grunde immer wieder in der Seele der Einzelnen nacharbeiten müsse, was in der Kulturentwicklung der Menschheit offenbar am Anfang stand: den Mord an einem göttlichen Wesen[5], das den Menschen das Geschenk der Bewußtwerdung in Gestalt von Schönheit und Gesang brachte, das damit aber auch die bittere Einsicht in das Verhängnis von Tod und Vergänglichkeit in die Herzen der Menschen legte. Zumindest symbolisch, wenngleich wohl nicht „historisch", wie *A. E. Jensen* meinte[6], dürfte die Erfahrung des unaussprechlichen, eher fühl- als denkbaren „musikhaften" Widerspruchs des Daseins den entscheidenden Schritt zur Menschwerdung: zu Selbsterkenntnis und Moralität, dargestellt haben. Es handelt sich erkennbar um eine Tragik, die wirklich dem Geist einer „Musik" entsteigt, die den Begriff der Schuld nicht aufhebt oder ästhetisch rechtfertigt, wohl aber ermöglicht und in gewissem Sinne erträglich macht: Der Gesang

Milomakis, der die Menschen in den Tod, ja, durch den Tod zum Mord trieb, wird sich fortsetzen auch in der Unsterblichkeit des Knaben aus dem Sonnenhaus. Das Rauschen des Meeres, dem Milomaki entstieg, das Wehen des Windes, das Treiben der Wolken, das Flüstern der Blätter, die mannigfaltigen Stimmen der Tiere – sie alle verkünden eine schreckliche Wahrheit: daß sich alles Leben nur erhält durch Zerstörung und Tod; aber derselbe Gesang Milomakis, der mehr ist als die Verkörperung der Melodie der Natur, der die Menschen anrührt, gerade weil sie, wie er, Personen sind und mithin Einzelne, muß auch so etwas enthalten wie eine persönliche Versöhnung und Vergebung der Schuld. Wirklich geschieht hier so etwas wie eine „Aufhebung" der Moral, doch nicht im Sinne *Nietzsches*, als wenn die Maßstäbe für Gut und Böse gänzlich dahinfielen, sondern indem sich das moralische Dilemma des menschlichen Daseins bis in die Wurzeln hinein vertieft. Das moralische Problem verwandelt sich unter der Hand in eine existentielle Infragestellung, auf die es mit moralischen Mitteln keine Antwort mehr gibt: wie lebt man mit einer Schuld, die man niemals begehen wollte, die man aber auch niemals mehr rückgängig machen kann? Und: wie lebt man mit dem Fluch, als lebendes Wesen eingespannt zu sein in den unentrinnbaren Kreislauf von Töten und Sterben?

Ein tragisches Wissen um die Unvermeidbarkeit der Schuld des Daseins meldet sich in solchen Urerfahrungen zu Wort, die in ihrer Tiefe und Ausweglosigkeit an die christlich-jüdische Vorstellung der *„Erbsünde"* gemahnen; und in der Tat sind es ganz und gar verwandte Völkererzählungen, die sich auch in dem „Sündenfallbericht" in Genesis 3,1-7 zu Wort melden[7]. Es ist eine Sicht des Daseins, in der die Menschen schuldig werden nicht erst in dem, was sie *tun*, sondern weit grundsätzlicher: in dem, was sie *sind*. Wenn es für Fragen dieser Art eine Lösung geben soll, so kann sie nicht in noch so gut gemeinten moralischen Buß- und Besserungsversuchen liegen, sondern ganz allein in einer Bejahung und Annahme der gesamten Existenz mit all ihren Licht- und Schattenseiten, mit all ihren Dur- und Mollgestimmtheiten, und dieses Wort bzw. dieser Gesang einer Vergebung bis in den Grund des Daseins hinein kann nur aus dem Munde desjenigen erklingen, der selber von der Schuld der Menschen in den Tod getrieben wurde.

Auch so gehört es zu den archetypischen Erzählungen der Menschheit von Schuld und Erlösung, daß die Vision der Verklärung des Opfers am Ende auch das Gefühl tödlicher Schuld aus den Herzen der Menschen zu nehmen vermag. Wie viele Jahrtausende alt mag z. B. *der Kult des heiligen Bären* sein[8]? Wir begegnen ihm noch heute in Sibirien an den Ufern des Ob bei den *Wogulen* und *Ostjaken*; sie erzählen die Geschichte von dem Mos-Mädchen, das als Tochter einer Bärin zur Welt kam und von den Menschen getötet wurde; doch als sie verstarb, legten die Menschen ihre Tatzen an dem großen Strom nieder, und in der Nacht darauf sahen sie das Mos-Mädchen als das Sternbild des Großen Bären am Himmel, in der Nähe der Milchstraße, wo es niemals mehr unter den Horizont sinkt[9]. Andere Erzählungen, weitab davon, auf der Molukken-Insel Ceram, berichten von dem Mädchen *Hainuwele*, dessen Gedächtnis beim großen Maro-Tanz begangen wird: es schenkte den Menschen Gongs und Geräte, bis es von ihnen aus Neid getötet und zerstückelt wurde; es wuchs aber aus ihm die Kokospalme bzw. die Bananenstaude, und es lebt fort in den Süßkartoffeln der Eingeborenen; und auch der Mond in seinen Sterbe- und Zerstückelungsformen, in seinem Reifen und Wiederauferstehen ist ein Bild der Urzeitgöttin *Hainuwele*[10]. In der *griechischen* Mythe von *Herakles* wird der (Sonnen)-Heros nach den zwölf Heldentaten durch das Gewand des arglistigen *Nessos* getötet, bzw. er verbrennt auf einem Holzstoß im Feuer; gerade so aber steigt er zum Himmel empor, wo er als das Sternbild Herakles unter den Circumpolarsternen am nördlichen Nachthimmel erscheint[11]. In all diesen Erzählungen ist die Erhebung des Helden bzw. der Heldin wie ein letzter verbleibender Trost für die Zurückbleibenden: in dem Moment, da sie erkennen, *wen* sie eigentlich dem Tod überliefert haben, wird in dem Bild der *Himmelfahrt* auch deutlich, daß der Schaden, den sie ihrem Opfer zugefügt haben, nicht endgültig Bestand haben wird; vielmehr dient der Tod des Helden in Wahrheit seiner eigenen Verherrlichung. „Mußte nicht der Messias all dieses leiden, um gerade so in seine Verklärung einzugehen?", fragt auch in der christlichen Überlieferung der auferstandene Christus die

Jünger auf dem Weg nach Emmaus (Lk 24,26), und insbesondere das Johannes-Evangelium betont das entscheidende Moment der Aufhebung aller Schuld des menschlichen Daseins, indem der von Menschen Getötete, doch bei Gott Lebende im Abendmahlssaal am Abend des ersten Ostertages den Jüngern den Geist der Vergebung schenkt (Joh 20, 19-23)[12]. Nicht nur ihnen selber wird alle Schuld nachgelassen, ihnen wird auch die Vollmacht erteilt, anderen Menschen die Schuld zu vergeben.

Die indianische Mythe von Milomaki spricht nicht ausdrücklich von „Vergebung" der Schuld, und doch muß man annehmen, daß der Anblick, wie die Seele des Getöteten sich in den Himmel erhebt, nicht nur die Schwere der Schuld, sondern auch ihre Aufhebung sichtbar macht. Der letzte Klang von Milomakis Totenlied ist wie ein Vermächtnis nicht nur seines Lebens, sondern auch seiner Vergebung über das Unrecht und das Leid, das man an ihm verübt hat. Nicht also die Aufhebung der Schuld in ästhetischer Rechtfertigung, wie *Nietzsche* sie lehrte, liegt in dem Lied Milomakis, wohl aber eine Aufhebung im Sinne der Versöhnung mit der begangenen Schuld und also eine Erlaubnis, nach vorn zu blicken und weiterzuleben. Noch einmal mag man dabei an den Beginn des 3. Satzes aus *Mahlers* 4. Symphonie denken: wie der langanhaltende Ton der Geige sich begütigend, wie ein Gesang des Himmels, über alles legt, das sich auf- und absteigend ihm annähert, bis es schließlich für einen Moment lang mit ihm verschmilzt[13].

In seinem Roman „*Doktor Faustus*" hat *Thomas Mann* einmal auf das *Schillernde* der Musik hingewiesen. „Beziehung ist alles. Und willst du sie näher bei Namen nennen, so ist ihr Name ‚Zweideutigkeit'. Um dieses Wort zu belegen, ließ er mich Akkord-Folgen von schwebender Tonart hören, demonstrierte mir, wie eine solche Folge in tonaler Schwebe zwischen C- und G-Dur bleibt, wenn man das f daraus wegläßt, das in G-Dur zum fis würde; wie sie das Ohr im Ungewissen hält, ob sie als C- oder F-Dur verstanden sein will, wenn man das h vermeidet, das sich in F-Dur zum b vermindert. – Weißt du auch, was ich finde? . . . Daß Musik die Zweideutigkeit ist als System."[14] Eben dieser „Zweideutigkeit" wegen scheint die Musik (neben Dichtung und

Malerei) das beste Mittel zu sein, um die Widersprüchlichkeit des Lebens zwischen Notwendigkeit und Freiheit, zwischen Unschuld und Schuld, zwischen Sein und Bewußtsein in seiner ganzen Spannweite auszusingen und auszusagen. Wenn es, wie *Nietzsche* zu Recht meinte, wesentlich die Musik ist, in welcher die Tragik des Daseins dem Menschen zum erstenmal erlebbar wird, so ist es wiederum auch die Musik, in welcher der Schuldanteil des Tragischen zwar nicht, wie *Nietzsche* des weiteren glaubte, getilgt, wohl aber versöhnt und im wörtlichen Sinne „aufgehoben" wird. Die Erhebung der Seele Milomakis (bzw. der Person des Christus oder der Hainuwele oder des Mos-Mädchens) zum Himmel – das ist zugleich auch die Aufhebung der Daseinsschuld des Menschen auf Erden. Und so lausche man noch einmal der Musik Milomakis, die sich jetzt ein zweites Mal erschafft: nicht mehr im Bereich der Natur, sondern in der Sphäre der Kultur: im Fest und im Ritus, im Tanz und im Lied.

e) Die Einheit von Natur und Kultur oder: Drei Arten des ewigen Lebens

Im Grunde sind es jetzt zwei weitere Arten von „Auferstehung" oder „Wiedergeburt", denen die Yahuna-Indios im folgenden beiwohnen, und beide erläutern in gewissem Sinne, was in der „Himmelfahrt" Milomakis für die Menschen erfahrbar geschieht.

Da ist zum einen *die Regeneration im Zyklus der Natur*. „. . . an demselben Tag", da der indianische Gottessohn die Welt verläßt und in seine ewige Heimat zurückkehrt, erwächst aus seiner Asche „ein langes, grünes Blatt", das „am anderen Tag schon ein hoher Baum" ist: „die erste Paschiubapalme", wie es sie vorher noch nicht gab. Daß bestimmte Pflanzen in einer Nacht zu enormer Größe aufwachsen, ist ein beliebtes Sagen- und Märchenmotiv, von der Rhizinusstaude angefangen, die dem Propheten Jona in einer Nacht über den Kopf wuchs (Jona 4,6)[1], bis hin zu Münchhausens Erzählungen[2]; das schnelle Wachstum ist aber auch ein klassisches Motiv in dem Mythos von der Geburt des (Sonnen-)Helden[3], und so könnte es sein, daß die Geschwindigkeit, mit der die Palme aus den

Aschenresten Milomakis entsteht, noch einmal an die Sonnennatur seiner Herkunft anknüpfen möchte. In jedem Falle ist die Parallele deutlich genug: so wie Milomaki selber an einem Tag vom Kind zum Jüngling heranwuchs, so wächst jetzt an einem Tag die erste Paschiubapalme aus einem grünen Blatt zum fertigen Baum empor. Die Paschiubapalme, mit anderen Worten, übernimmt Milomakis Leben, oder umgekehrt: in der Paschiubapalme lebt Milomaki fort; sie ist die Art, wie er nach seinem Tode den Menschen sichtbar ist. Die Paschiubapalme ist mithin die Form, in welcher Milomaki, dessen Seele fortan im Himmel weilt, auf Erden sich noch einmal inkarniert. Und das wiederum kehrt strukturell die logische Ordnung des Verhältnisses von Natur und Kultur in Gegenläufigkeit um.

Durch Milomakis Gesang, so sagten wir, werden die Menschen ihrer selbst als Personen bewußt und treten in dem schmerzhaften Wissen um die Sterblichkeit ihres Lebens als Individuen endgültig aus der Einheit mit der Natur heraus; fortan sind sie im eigentlichen Sinne Menschen: Wesen inmitten der Natur und dennoch einer anderen Ordnung: der Kultur zugehörig. Ein ähnliches hören wir jetzt von Milomaki selbst; auch sein Tod bedeutet zweierlei: einerseits erhebt er sich in seinem Sterben über diese Welt, doch auf der anderen Seite kehrt er in seinem Tode in den Bereich der Natur zurück: nicht mehr als Person, sondern „nur" noch in der Gestalt der Paschiubapalme lebt er auf Erden weiter. Beide Aussagereihen sind dabei offensichtlich aufeinander bezogen: wie das Erwachen des Menschen zum Bewußtsein den Tod des natürlichen Zustands bedeutet und zugleich das Wissen um den Tod als die unausweichliche Form der Rückkehr in den Zustand der Natur mit sich bringt, so bedeutet der Tod (Milomakis) in sich selbst sowohl die Überwindung der Natur als auch die Wiederherstellung der Natur. M. a. W.: Der Tod im Bewußtsein und der Tod im Sein entsprechen einander in umgekehrter Symmetrie, indem die natürliche Welt und die kulturelle Welt spiegelbildlich aufeinander bezogen werden:

Natur		*Kultur*
Gesang	$\rightarrow$ Tod $\rightarrow$	Bewußtsein
Palme	$\leftarrow$ Tod $\leftarrow$	Person

Der Tod, sagten wir vorhin mit *C. Lévi-Strauss*, ist natürlich und antikulturell; jetzt können wir genauer sagen: er ist der Kreuzungspunkt von Natur und Kultur, er ist die Transformationsstelle, da das eine in das andere übergeht; er ist aufgrund seiner logischen Doppeldeutigkeit selbst die Nahtstelle zwischen zwei Wirklichkeitsebenen: die Kultur erhebt sich über die Natur durch ihre Vergeistigung, aber der Preis dafür ist das Wissen um den Tod; der Sterbende umgekehrt verwandelt sich in eine geistige Existenz und bleibt damit der Kultur verhaftet, indem er gleichzeitig in das Leben der Natur zurückkehrt. Seiner selbst bewußt zu werden ist ein Sterben, und das Sterben ist ein Bewußtwerden. Beides ist einander äquivalent: der Geist tötet, so wie der Tod den Geist lebendig macht – *G. W. F. Hegel*[4] und *Ludwig Klages*[5] hätten das nicht besser sagen können.

Aber noch mehr: wir lernen an dieser Stelle zugleich etwas Wichtiges über die Anfänge des Auferstehungsglaubens selbst. Im Auferstehungsglauben, so lauten manche Erklärungen, würden die Toten in den Himmel versetzt, um sie von den Lebenden fernzuhalten[6]; man verbrenne sie, auf daß sie nicht mehr zurückkehren und die Lebenden beunruhigen[7]; man fürchte sich vor ihrer Rache, vor ihren unbefriedigten Ansprüchen, man fühle nur allzu deutlich, daß sie einer anderen Ordnung angehören als die Lebenden. Und zudem: das elementare Entsetzen beim Anblick eines entseelten Leichnams . . .[8]; all dies, wie von selbst, scheint zu der angstbesetzten Flucht in die Projektion der Wunschvorstellung eines ewigen Lebens zu nötigen. Es ist unbestritten, daß religionspsychologisch Komponenten dieser Art bei der Entstehung des Gedankens an ein Weiterleben nach dem Tode in gewissem Umfang Pate gestanden haben. Doch ändert das Bild sich jetzt ganz entscheidend. Folgen wir dem Mythos von Milomaki, so ist die Erhebung des Verstorbenen über die Erde keinesfalls nur als eine Trennung von den Lebenden zu verstehen, sondern ganz im Gegenteil: der Schritt zur Bewußtwerdung (die „Vergeistigung" des Naturhaften) erklärt, was im Tode geschieht: eine Erhebung der Seele über die Welt; und umgekehrt erklärt der Tod mit seinem Schmerz, was „Kultur" oder, besser, was menschliches Leben bedeutet: einen ständigen Kampf gegen den Tod. *Albert*

Camus' Gedanke von der absurden Existenz des Dichters angesichts des Todes hat offensichtlich recht, doch nur zur Hälfte; die andere Hälfte seiner Wahrheit lautet, daß ein gemeinsamer Kampf der Lebenden gegen den Tod nur möglich ist, wenn es eine Gemeinschaft der Menschen miteinander gibt, die der Tod nicht aufzuheben vermag, und eben dies ist offenbar der Sinn des „primitiven" Auferstehungsglaubens: kulturell zu leben heißt, geistig zu leben, und verstorben zu sein heißt ebenfalls, geistig zu leben, beides ist eins. Also gibt es nicht ein Reich der Toten und ein Reich der Lebenden, sondern nur ein einziges Reich des Geistes bzw. der Vergeistigten, in dem wir untrennbar miteinander verbunden sind. Die Wurzeln des Auferstehungsglaubens, wenn es so steht, sind dieselben wie die Wurzeln des kulturellen Zusammenlebens, und das eine scheint vom anderen nicht ablösbar zu sein. Derselbe Geist der Musik, der des Menschen Not im Anblick des Todes offenbarmacht, ist auch des Menschen ganzer Trost, indem er das Sterben selber als Vergeistigung erscheinen läßt.

Allerdings bedarf es zur Darstellung und Erfahrung dieser Tatsache wesentlich der rituellen Vergegenwärtigung, der Aufhebung der Zeit bzw. der immer wieder zu hörenden Beschwörungsmagie der Musik. Sie tötet nicht nur, sie weckt auch das Tote wieder auf, sie ist selber der Gesang des Lebens, das über den Tod hinaus sich erhält, sie ist Stelle für Stelle ein Spiel aus rhythmischen und melodischen Wiederholungen, die in sich selber zurücklaufen und in immer neuen Kreisen dasselbe Thema variieren; was also wäre sie anders als die Offenbarung des Lebens selber in seiner Verzweiflung und in seiner Verklärung, in seiner Ausgesetztheit und in seiner Geborgenheit, in seiner kreatürlichen Erniedrigung und in seiner ekstatischen Erhebung zu Glück und Geist? *Schopenhauer* sah in diesem Punkte ganz richtig, nur daß er „das" Leben aus dem konkreten Spiel seiner Variationen und Möglichkeiten zu einem „Willen an sich" hinter der Welt der Erscheinungen abstrahierte. Vor allem verleiht die Musik in ihrer Synthese aus Entwicklung und Wiederholung einer Gliederung der Zeit vollendeten Ausdruck, wie sie einzig in der mythischen Daseinsdeutung angetroffen wird, – auch dies ein Beleg für die untrennbare Einheit von Musik und

Mythos. So wie in der indianischen Erzählung bisher aus der Musik Milomakis der Mythos vom Tod der fischeessenden Menschen entstand, so entsteht jetzt aus dem Mythos vom Tod Milomakis die Musik des Flötenspiels zur Erntezeit der Waldfrüchte. In gewissem Sinne werden wir zu Zeugen der *dritten* Auferstehung Milomakis: seiner *Rückkehr in der Musik*. Milomaki kam und brachte die Musik, damit begann die Erzählung; jetzt kommt die Musik und bringt Milomaki, – der Ring hat sich geschlossen. Was er umfaßt, ist, wie wir jetzt sehen, in Wahrheit nichts anderes als das Geheimnis des Todes, der beides ist: Vergeistigung und Zerstörung, Beginn der Kultur und Beginn der Schuld; doch woraus er besteht, dieser Ring der Wiederkehr, das ist der Kreistanz einer nie mehr endenden, periodisch im Umlauf des Jahres zu spielenden Musik.

In schematischer Darstellung entsteht das folgende Bild:

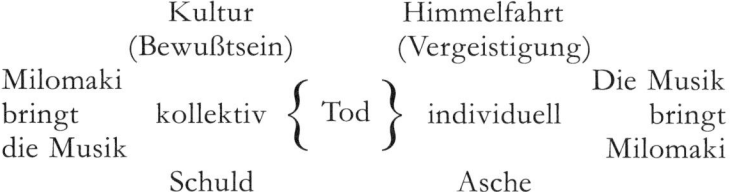

Was dieses Schema zeigt, ist vor allem die logische Austauschbarkeit oder, besser, die wechselseitige Verwandlungsfähigkeit von Natur und Kultur sowie der kollektiven wie der individuellen Ebene des Daseins. Die verschiedenen Seiten und Ebenen der Wirklichkeit widersprechen einander nicht, sondern sie gehen immer wieder ineinander über, sie bilden gewissermaßen einen elektromagnetischen Schwingkreis, in dem die eine Wirklichkeit, senkrecht stehend auf der anderen, ihr Gegenüber hervorbringt. Die Paschiubapalme, die aus der Asche des verbrannten Körpers Milomakis erwächst, *bedeutet* nicht nur den Übergang von Tod und Leben in der Sphäre der Natur; die Asche selbst *ist* bereits ein Produkt der Kultur[9], indem der Feuergebrauch des Menschen den nicht-natürlichen Tod Milomakis herbeiführte; und insofern scheint in dem Heranwachsen der Palme die Natur mit dem ungebrochenen Reichtum ihres Lebens die Spuren der menschlichen

(Un)Tat zu überwinden. Nun aber gehen die Menschen hin und bestimmen ihrerseits die Paschiubapalme wiederum zum Tode; sie schnitzen aus ihrem toten Holz die Flöten und erwecken daraus mit ihrem belebenden Atem die Klänge einer neuen Musik, in der die Lieder Milomakis widerhallen. Was ehedem als das Lied der Natur im Munde des Sohnes der Sonne das Bewußtsein der Menschen ermöglichte, das erscheint jetzt wieder als bewußt gestaltete Musik von Menschen, gebunden an die Mittel der Natur. Milomaki, dessen Lieder den Menschen den Tod (bzw. das Bewußtsein des Todes) brachten, lebt nunmehr weiter in den Liedern der Menschen. Er lebt nicht nur als reiner Geist (in der Himmelfahrt der Seele), auch nicht nur als reine Natur (in der Paschiubapalme), sondern er ist zugleich die Verschmelzung von Geist und Natur in der Musik der Flöte, in welcher der Atem der Menschen und das Holz der Pflanze sich zum Tanzlied der Dankbarkeit des Lebens verbinden.

Der gesamte Mythos von Milomaki läßt sich in strukturalistischer Deutung[10] daher auch lesen als eine Geschichte, die Natur und Kultur in symbolischen Übergangsformen logisch miteinander zu vermitteln sucht.

Natur	*Kultur*
der natürliche	der künstliche
Tod	Tod
Fische	Seele
Asche	Feuer
Palme	Flöte
Holz	Atem
Musik	

Ausgehend von zwei Verneinungen, die sich wechselseitig bedingen, bekommen es die Yahuna-Indianer also fertig, die gesamte Welt ihrer Kultur als Antwort der natürlichen Ordnung entstehen zu lassen und wechselseitig beide: Kultur und Natur, aufeinander zu beziehen. Die *Einheit* von Kultur und Natur – das ist es in Wahrheit, wofür die Gestalt Milomakis steht, der die Menschen aus der Natur herauslöste, indem er ihnen den Tod und das Wissen um den Tod brachte, und der sie wieder mit der Natur vereinte, indem er selber, in der

Paschiubapalme erscheinend, die Menschen lehrte, das tote Holz in Flöten zu verwandeln, auf daß die Kultur selber die Klänge der Natur ertönen lasse. Milomaki also, diese Verkörperung des Geistes der Musik, ist der eigentliche Ort, an dem unter den Klängen seines Gesangs der Mensch von der Natur getrennt und zugleich in den Klängen der Flöte mit ihr versöhnt wird. Tod und Vergeistigung, Sterben und Auferstehen – diese ewigen Themen der Religion der Menschen aller Zeiten – stehen nicht nur für sich selbst, sie bilden in dem indianischen Mythos zugleich die Chiffren für den Antagonismus und für die Synthese von Natur und Kultur. Der „Geist der Musik" gewinnt seinen Körper als eine mythische Philosophie der Gesellschaft, die sich selber verkörpert im Tanz der Männer auf dem Platz vor der *maloka*. – Wer eigentlich hat gesagt, daß alles geistige Sein langweilig und un*sinn*lich und alle sinnliche Erfahrung geistlos und un*sitt*lich sein müsse[11]? Den Yahuna-Indianern jedenfalls wird, wie wir sehen, der Tanz nach den Liedern Milomakis selber zu einem religiösen Erlebnis, das ihnen hilft, die Mitgift der Natur: den Tod, zu akzeptieren und im Hause der Menschen beheimatet zu sein.

f) Die „vegetarische" Überwindung des Todes

Damit aber legt sich noch ein anderer Gedanke nahe. Es scheint, als gehe von den Liedern der Männer so etwas aus wie ein Vegetationszauber, der die Waldfrüchte reifen läßt. In der Tat versuchen die Indios am Rio Apaporis in ihren Maskentänzen zur Erntezeit in den Monaten Januar bis März, indem sie die verschiedenen Pflanzen- und Tiergeister darstellen, „Einfluß auf die überirdischen Wesen auszuüben. Dazu kommt noch ein deutlicher sexueller Aspekt, der sich in den Gesängen und im Auftreten eines Tänzers mit einem überdimensionalen Phallus aus Holz äußert. Mit diesen Riten versuchen die Indianer, die Fruchtbarkeit der Tier- und Pflanzenwelt zu mehren."[1] Auffällig ist jedenfalls, daß erst jetzt, wo sie Milomakis Lieder auf der Flöte spielen, die Indios den Sohn der Sonne als denjenigen erkennen, „der alle Früchte geschaffen hat", d. h. als denjenigen, der in den

Früchten ebenso lebendig wird wie in der Paschiubapalme. Milomaki, m. a. W., gewinnt Gestalt in allem, was vor Freude singen macht – in den eßbaren Früchten des Waldes vor allem; also muß man Milomaki Lieder singen, wenn man diese Früchte erntet, und man trägt zu ihrem Wachstum bei, wenn man diese Lieder spielt.

Dabei wird man in dem Verzehr der Waldfrüchte am Ende der Erzählung auch wohl eine Antwort auf die Problematik des Todes nach dem Verzehr der Fische zu Beginn der Mythe erkennen müssen. Das Töten von Tieren liegt auf derselben Ebene wie das Sterben der Menschen als Wesen der Natur, beides ist Teil des scheinbaren unentrinnbaren Kreislaufs, in dem jedes Lebewesen sich nur auf Kosten fremden Lebens eine Zeitlang zu erhalten vermag, um eines Tages anderen Lebewesen zur Nahrung zu dienen. Nur die Pflanzen, d. h. speziell die Bäume und Sträucher, die *Waldpflanzen*, machen von diesem Gesetz eine entscheidende Ausnahme. Ihre Früchte und Beeren kann man essen, ohne zu töten, ja, man muß, ganz im Gegenteil, sogar sorgsam darauf bedacht sein, sie nicht zu zerstören, um auch im nächsten Jahr ihre Erträge genießen zu können. Der saisonbedingte Vegetarismus am Ende der Erzählung von Milomaki bietet mithin eine Lebensform an, in welcher das alte Gesetz des „Töte, um zu leben, bis du selbst getötet wirst", endlich überwunden scheint durch einen Kreislauf, in dem das Leben mit dem Leben sich verbindet.

Es ist ein bestechender Gedanke, diese Sicht der Dinge einmal zur Interpretation des *christlichen Abendmahles* heranzuziehen, in dem der getötete und auferstandene Christus sich den Menschen rein vegetarisch in Gestalt des Brotes und des Weines zu essen und zu trinken gibt. Ohne Zweifel ist der *Ritus des „Gottessens"* uralt[2], weit ursprünglicher jedenfalls als die Fähigkeit des Menschen Brot zu backen und Wein zu keltern. Man darf annehmen, daß es zunächst *heilige Tiere* waren, die in einem rituellen Akt des heiligen Mahles von der Gemeinschaft der Mahlteilnehmer verzehrt wurden[3], und es scheint, als sei auch der Kannibalismus entweder als eine Folge oder Ersatzform derartiger Anschauungen zu werten[4]. Doch gibt es innerhalb des Weltbildes der getöteten und im Mahl verzehrten Gottheit[5] auch wohl schon erste Ansätze, um einen möglichen Ausweg aus dem Zyklus des Schmerzes und der Schuld zu weisen: In dem Kult der *Hainuwele* auf Ceram z. B. verkörpert die Gottheit nicht nur die Hackfrüchte, die man zerstückeln und einpflanzen, also in gewissem Sinne „töten" und „begraben" muß, um sie zu vermehren und reicher als vorher „auferstehen" zu lassen, – *Hainuwele* steht auch für die Banane und die Kokospalme, von denen man ernten kann, ohne zu töten[6]. Immer wieder in der christlichen Theologie hat man die „unblutige" Weise des „Meßopfers" hervorgehoben; aber aufgrund der mangelnden Einordnung in den Gang der Religionsgeschichte hat man es versäumt, den eigenen Standort und damit auch die Spannweite der eigenen Gedankenwelt im Kulturvergleich zu erkennen. Stellt man indessen die christliche Abendmahlslehre in den großen Strom verwandter Völkergedanken, so begreift man nicht nur sehr bald, wie stark der Vorstellungskomplex des „Gottessens" sich auch in der christlichen Religion auswirkt; man hält vor allem die Lösung eines Problems in Händen, das die Christenheit bis heute in verschiedenen Konfessionen zerspaltet: die Einsicht in das, was man als kultische Realität bezeichnen kann[7]. Der kleine Mythos der Yahuna-Indianer z. B. kann uns lehren, was eine rituelle Vergegenwärtigung bedeutet: wenn die Musik der Flöten erklingt, treten Milomakis Lieder in ihre lebendige Wirklichkeit ein, und in diesem Augenblick hebt sich die Schranke der Zeit auf, dann wird das Vergangene zur realitätsgeladenen Gegenwart, dann weilt erneut Milomaki unter den Menschen, allerdings so, daß, wie in der christlichen Abendmahlslehre, der Tod nunmehr als besiegt gelten muß. Das Zeichen für diese Realität des ewigen Lebens aber ist das Mahl selbst, das wesentlich *unblutig* gefeiert wird: – bei den Yahuna, die sich durch Fasten auf die Kultfeier Milomakis vorbereiten, in dem Genuß von Waldfrüchten, im Christentum im Zeichen von Brot und Wein. Beides scheint sich zu ähneln wie ein Ei dem anderen. Und dennoch ist ein Unterschied zu Lasten der christlichen Theologie dabei eklatant: Zwar spricht auch das Christentum von dem Sieg des Lebens über den Tod in (meta)physischem Sinne, doch hat es sich so weit aus der Natur entfernt, daß es in seiner Lehre von der Sünde, für deren „Sold" der Tod gilt (Röm 6,23), nicht das geringste Gespür mehr für die furcht-

bare Notwendigkeit des Tötens *inmitten des Lebenskreislaufs* aufgebracht hat. Einerseits gilt diese Welt in phantastischer Weise als „gefallen" und vom Teufel verderbt, andererseits aber zögert man nicht, dem Menschen als der Krone der Schöpfung jedes Recht über die Natur zuzusprechen. Wohl lassen sich selbst in der Bibel in Gen 1,29 (im Vergleich zu Gen 9,3) gewisse Relikte eines ursprünglichen Vegetarismus aus religiösen Gründen erkennen[8]; doch ist die Ausbildung einer Ethik, die das Töten von Tieren mit moralischen Schuldgefühlen belegen würde, niemals – sehr im Unterschied z. B. zum Hinduismus und Buddhismus – ein christliches Anliegen gewesen. Ganz anders, wenn das Töten von Tieren, so sehr es in der Ordnung der Natur auch unvermeidbar scheint, in seiner Ambivalenz gefühlt und problematisiert wird[9]. Dann ist das Essen der Früchte des Waldes ein symbolischer Ausweg aus einem Dilemma, in welches bis dahin das Dasein eingesperrt schien. Die Vergegenwärtigung von Milomakis Gesängen in den Weisen des Flötenspiels, verbunden mit einem partiellen (oder saisonalen) Vegetarismus – was alles hätte das Christentum von diesem kleinen Yahuna-Mythos zu lernen, um im Sinne einer Ethik universellen Mitleids mit allem, was lebt, die Folgerungen aus dem Symbolismus seiner eigenen eucharistischen Bilder und Riten zu ziehen! Es ist paradox genug: wir Heutigen könnten uns eine vegetarische Lebensweise ohne weiteres leisten, ja, sie böte eine Menge auch wirtschaftlicher und ernährungsphysiologischer Vorteile[10], nur mangelt es uns an dem religiösen und moralischen Feingefühl jener Völker, die wir für „primitiv" erklären, weil sie unseren materiellen Lebensstandard nicht teilen und unter extremen klimatischen Bedingungen ihr Dasein fristen müssen. Für sie ist eine vegetarische Lebensweise in der Tat (noch) nicht möglich.

g) Männer und Frauen – symbolische Trennungen

Lediglich *ein* Moment enthält der Mythos von Milomaki, das gewiß ebenso wichtig für die Yahuna-Indianer wie (inzwischen!) fremd für uns selbst erscheint: die deutliche Trennung zwischen Mann und Frau. Ausdrücklich endet die Erzählung mit der Feststellung: „Die Weiber aber und kleinen Knaben dürfen die Flöten nicht sehen, sonst müssen sie sterben". Diese Bestimmung wird uns wohl erst recht sonderbar anmuten, wenn wir sie so verstehen, wie sie gemeinhin in der Literatur ausgelegt wird.

Sehr eindrucksvoll hat *C. Lévi-Strauss* die Gesänge geschildert, welche die *Bororo*-Indios am Ende einer glücklichen Jagd aufführen: „Draußen begannen ein paar tiefe, gutturale und doch scharf akzentuierende Stimmen Lieder zu singen. Nur die Männer singen, und der Gleichklang der Stimmen, die einfache hundertmal wiederholte Melodie, der Gegensatz zwischen Soli und Chor und der männliche, tragische Stil der Lieder erinnern an die Kriegschöre irgendeines germanischen Männerbundes. Der Grund des Gesanges war, wie man mir erklärte, die *irara*. Wir hatten das erlegte Wild . . . mitgebracht, und nun mußten, bevor es gegessen werden konnte, mit Hilfe eines komplizierten Rituals der Geist der Tiere besänftigt und die Jagd geweiht werden . . . Dasselbe sollte sich . . . Nacht für Nacht wiederholen, denn die Nächte sind dem religiösen Leben geweiht, und die Indios schlafen von Sonnenaufgang bis Mittag."[1] Ähnlich wird man sich die Gesänge der Yahuna-Indianer zur Zeit, da die Waldfrüchte reifen, vorstellen müssen. Nur: warum singen *allein die Männer*, und warum dürfen die Frauen und Kinder die Flöten der Männer nicht sehen?

Um diesen „patriarchalen" Zug der Gesellschaftsordnung der Amazonasindianer zu verstehen, müssen wir noch einmal auf die unterschiedliche Bewertung der Tätigkeit von Männern und Frauen zurückkommen, wie wir sie bereits bei den *Nambikwara* kennengelernt haben. Bei ihnen „kreisen die Beziehungen zwischen Mann und Frau um zwei Pole, die Mittelpunkte ihres Lebens. Diese beiden Pole sind . . . einerseits das seßhafte landwirtschaftliche Leben, das auf einer doppelten Tätigkeit des Mannes beruht, nämlich auf dem Hütten- und auf dem Gartenbau, und andererseits dem nomadisierenden Leben, in dem der Fortbestand der Gruppe hauptsächlich von der Frau abhängt. Die eine Lebensart bedeutet Sicherheit und Reichtum, die andere Abenteuer und Armut. Diesen beiden Formen ihres Lebens gegenüber legen die Nambikwara eine sehr verschiedene Einstellung an den Tag. Sie sprechen von

der ersten mit Traurigkeit, mit Ergebenheit und Resignation wie von einem Schicksal, das nicht zu ändern ist, von der zweiten hingegen mit jener hoffnungsfrohen Erregung, wie sie jeder erwarteten Entdeckung eigen ist. – In ihren metaphysischen Vorstellungen aber kehrt sich dieses Verhältnis um. Nach dem Tode schlüpfen die Seelen der Männer in Jaguare, diejenigen der Frauen und Kinder hingegen lösen sich auf. Dies erklärt, warum die Frauen nicht zu den feierlichen Zeremonien zugelassen sind, die am Anfang der seßhaften Periode stattfinden und bei denen kleine Blasinstrumente aus Bambus hergestellt (werden), die dann mit Spenden ‚genährt' und von den Männern gespielt werden, und zwar so weit weg von den Hütten, daß die Frauen weder zusehen noch zuhören können."[2] Der Grund, warum die Frauen und Kinder die Flöten der Männer nicht sehen (und hören!) dürfen, liegt also darin, daß ihre Seelen sich im Tode auflösen; sie haben nicht teil an Milomakis Auferstehung – sie würden nur die Melodie des Todes, nicht die des Lebens vernehmen, wenn sie die Flöten der Männer hören. Man muß sie daher *schützen* vor Milomakis Liedern. Doch das ist noch nicht alles.

Bei den *Bororo-Indianern* kann man beobachten, wie gerade bei den Totenfeierlichkeiten der „Gegensatz zwischen den Toten und den Lebenden" dramatisch ausgestaltet wird, indem als erstes die Dorfbewohner sich trennen in Schauspieler und Zuschauer. „Die wichtigsten Schauspieler sind die Männer, die durch das Geheimnis des Männerhauses geschützt sind . . . Die Männer . . . stellen . . . das Symbol der Seelengemeinschaft dar, während die Frauen, die Besitzerinnen der im Umkreis gelegenen Hütten, von den heiligsten Riten ausgeschlossen sind und daher gleichsam vom Schicksal ausersehenen Zuschauerinnen, das Publikum der Lebenden, verkörpern, sowie den Aufenthalt, der diesen auf der Welt vergönnt ist."[3] Frauen und Männer treten also in den indianischen Totenfeiern einander gegenüber wie die Lebenden und die Toten, wie die im Körper Weilenden und die rein Geistigen, wie die Glaubenden und wie die Wissenden.

Dies ist der Tatbestand; doch was soll man davon halten? – Skeptisch fragt *C. Lévi-Strauss:* „Werden die Eingeborenen nicht auch in anderer Beziehung von der Logik ihres Systems geblendet?" Und er fährt fort: „Ich kann das Gefühl nicht loswerden, daß dieses glänzende metaphysische Schauspiel ... im Grunde nichts anderes ist als eine ziemlich traurige Farce. Die Bruderschaft der Männer gibt vor, die Toten darzustellen, um den Lebenden die Illusion zu verschaffen, daß sie von Seelen besucht werden; die Frauen sind von den Riten ausgeschlossen und werden über deren wahre Natur getäuscht, wahrscheinlich zum Ausgleich für die Vorrechte, die sie hinsichtlich des Zivilstandes und des Wohnortes genießen, so daß die Mysterien der Religion den Männern allein vorbehalten bleiben. Die wirkliche oder angenommene Leichtgläubigkeit der Frauen erfüllt aber auch eine psychologische Funktion. Sie verleiht nämlich dem gesamten Spiel einen affektiven und intellektuellen Inhalt, ohne den es die Männer vielleicht nicht mit derselben Hingabe spielen würden. Wenn wir unseren Kindern die Geschichte vom Sankt Nikolaus erzählen, so tun wir dies nicht nur, um ihnen etwas vorzugaukeln; ihr Eifer und ihre Freude wärmen uns selber, helfen uns, uns selbst zu täuschen und schließlich ebenfalls zu glauben, daß eine Welt voller Großzügigkeit nicht völlig unvereinbar sei mit unserer Wirklichkeit. Und doch sterben die Menschen und kehren niemals zurück; und jede gesellschaftliche Ordnung nähert sich dann dem Tod, wenn sie etwas vorwegnimmt, für das sie kein Äquivalent bietet."[4]

So verstanden, wären die indianischen Totenfeiern nichts weiter als gesellschafterhaltende und gesellschaftsbedingte Illusionen, und speziell die Trennung zwischen Frauen und Männern bei den Totenfeiern bildete lediglich die metaphysische Verschleierung der sozialen Wirklichkeit. „Es hat den Bororo somit nichts gefruchtet, ihr System in einem großartigen Epos entfaltet und verfeinert zu haben, denn auch ihnen ist es nicht gelungen, eine wesentliche Wahrheit zu widerlegen. Die Vorstellung nämlich, die sich eine Gesellschaft von den Beziehungen zwischen Lebenden und Toten macht, läßt sich auf das Bemühen zurückführen, die wirklichen Beziehungen zwischen den Lebenden zu vertuschen und sie im Bereich des Religiösen zu verschönern und zu rechtfertigen."[5] So *C. Lévi-Strauss*.

In seiner kritischen Wertung müßte das gesamte rituelle Arrangement der Indios als ein großangelegter Bluff erscheinen – so wie jede Religion im übrigen, die christliche mitinbe-

griffen. Könnte es nicht aber auch sein, daß wir in der Deutung der religiösen Gebräuche deutlicher unterscheiden müssen zwischen dem Sinn einer bestimmten Zeremonie und ihrer sozialen Funktion? Daß die Totenfeiern der Amazonas-Indianer u. a. die soziale Zuordnung der Geschlechter widerspiegeln, ist evident; andererseits fällt es schwer zu glauben, die Bedeutung einer Totenzeremonie sei letztlich darin gelegen, drei Viertel des Stammes (alle Frauen und Kinder) in der Überzeugung zu bestärken, daß sie sich niemals irgendwelche Hoffnungen auf ein Weiterleben nach dem Tode machen dürften. Im Gegenteil wird man denken müssen, daß gerade der magisch-spielerische Auftritt der Geister der Verstorbenen den ganzen Stamm darin versichern soll, daß die Toten niemals nur tot sind, sondern zu neuem Leben erblühen und daß vor allem die Gemeinschaft unter den Menschen auch durch den Tod nicht endgültig zerstört werden kann.

Freilich bleibt wahr, daß das Mysterium der Vergeistigung selber ganz in den Bereich des Männlichen gezogen wird, während den Frauen eine bloße Zuschauerrolle dabei zufällt. Doch scheint auch diese soziale Funktionszuweisung nicht ohne psychischen Sinn zu sein, wenngleich wir dabei einmal von den Erwartungen absehen müssen, die wir in unserer Gesellschaft heute an die Gleichstellung von Mann und Frau sozial zu richten gewohnt sind. Etwas verstehen zu wollen ist ja nicht notwendig dasselbe wie etwas als Einrichtung in unserer Kultur gutheißen oder rechtfertigen zu wollen. Dann aber besitzt die Rollenzuweisung von Mann und Frau bei den Indios doch eine gewisse Weisheit, von der sich lernen läßt. Wenn wir uns erinnern, wie fröhlich und kindlich die Frauen vor ihrer festen Rollenzuweisung im Zusammenleben des Stammes sich zu geben pflegen, so scheint es erneut, als ob ihre Abschirmung vor Milomakis Flöten zur Erntezeit nicht eigentlich ihrer Unterdrückung, als vielmehr ihrem Schutz dienen wolle. Die kindliche Heiterkeit der Frauen fiele dahin, sobald sie in die belastenden Geheimnisse von Tod und Schuld, Vergebung und Auferstehung eingeweiht würden; ihre Unbeschwertheit, ihre ungebrochene Lebensfreude, ihre einfache Lust am Dasein würde getrübt, wenn sie die Tragik des menschlichen Daseins aus dem Geist der Musik zu früh erfahren würden. Die Frauen und die Kinder müssen gewissermaßen in der Naivität des Daseins gehalten werden, damit das Leben sich selber weiter zu vollziehen wagt; die Männer verlören den Mut ohne das Lachen der Frauen, und die Frauen verlören den Halt ohne die vor ihnen verborgenen Lieder der Männer.

Gewiß läßt sich *tiefenpsychologisch* auch daran denken, daß die „Flöten" ein Sexualsymbol darstellen und daß die „Unwissenheit" der Frauen insofern wirklich erst mit Eintritt in die Geschlechtsreife zu überwinden ist: erst mit Beginn des sexuellen Erlebens wird deutlich, was es heißt, als Frau zu gebären und mit der Geburt den Tod in die Welt zu bringen, und was es heißt, als Mann zu töten und mit dem Tod dem Leben zu dienen[6]. Die Yahuna-Indianer aber dehnen die Zeit der „Unwissenheit" in der Rollenverteilung zwischen den Geschlechtern auf das ganze Leben aus und polarisieren daher ihre eigene Gesellschaft in eben die beiden Bereiche von Natur und Kultur, die in dem Milomaki-Mythos auf so ingeniöse Weise voneinander differenziert und zugleich als Einheit aufeinander bezogen wird. Die „Unwissenheit" der Frauen und Kinder bildet, anders gesagt, die logische Voraussetzung, um den Mythos selbst aufführen zu können. Denn nur im Gegenüber der Natur läßt sich die „Kultur" definieren, und wenn es die Männer sind, denen die Funktion zukommt, die „Kultur" zu verkörpern, so sind es umgekehrt die Frauen und Kinder, in denen die „Natur" Gestalt gewinnt.

Von daher müssen die Männer ein Wissen verwalten, das nur durch den Akt der Bewußtwerdung zu erwerben ist: das Wissen um den Tod, während die Frauen und Kinder in gewissem Sinne so weiterleben sollen, als wenn es den Tod nicht gäbe. Diese Ausschließung der Frauen vom Geheimnis des Todes ist es, die es ihnen in vielen Religionsformen (z. B. heute noch in der katholischen Kirche[7]) verwehrt, Priester werden zu können. Ob „blutig" oder „unblutig" – solange das Geheimnis von Leben und Tod in der Art des Dogmas von dem *Opfertod des Unschuldigen* aufgeführt und im Akt des *„Gottessens"* ritualisiert wird (wie etwa im katholischen Meßopfer), ist dieser archaischen Logik zufolge die Frau ihrer ganzen Natur nach, eben weil sie selbst in ihrer sozialen Rolle die „Natur" verkörpert, vom „Priesteramt" dieser Prägung aus-

geschlossen[8]. Die Art, wie die Frau innerhalb solcher Vorstellungen zur Mittlerin göttlicher Mächte und mithin zur *Priesterin* werden könnte, liegt von alters her in dem Bereich der Natur selbst: die Frau als die Herrin der generativen Kräfte, der Sexualität, der Weitergabe des Lebens – *das* gerade ist die weibliche Form des Priesterlichen; es ist aber ersichtlich eben der Typ von Frömmigkeit, vor welchem der gesamten biblischen Religion seit eh und je schaudert[9]. – Erst nach Überwindung einer Theologie des Opfers könnte es so etwas wie eine religiöse Gleichstellung von Mann und Frau auch im Christentum geben.

Wenn wir indessen einmal akzeptieren, daß die Zweiteilung von Mann und Frau innerhalb der *indianischen* Gesellschaft die Zweiteilung von Kultur und Natur symbolisch darstellt und erfahrbar macht, so wird zugleich deutlich, wie wenig dieses Denken in „patriarchalen" Vorstellungen mit all den Abwertungen der Frau zu tun haben muß, die wir in unserer christlich-abendländischen Gesellschaft augenblicklich mit dem Wort „Patriarchalismus" zu verbinden pflegen. Wohl gibt es auch bei den Amazonas-Indianern eine Kunde von einer mythischen Vorzeit, in der das weibliche Element über das männliche herrschte. „Ein männlicher Geist . . . entriß (damals d. V.) den Frauen die Instrumente (Flöten und Trompeten, d. V.) und institutionalisierte die Herrschaft der Männer über die Frauen . . . (Die ursprüngliche Besitzerin der kultischen Flöte) *Romo Kumú* . . . hatte . . . Angst und streckte den *yurupari* (die Flöte) zwischen die Beine, um ihn zu verstecken. Der *yurupari* ist die Vagina der Frauen."[10] Das alles, unzweifelhaft, klingt nach männlicher Herrschaft und Gewalt. Doch zu behaupten, die Indios am Amazonas „verachteten" ihre Frauen, wäre offenbar ebenso absurd wie die Behauptung, die indianische Kultur basiere zentral auf einer Verachtung der Natur. Statt in den Begriffen von Über- und Unterordnung zu denken, entspricht es den indianischen Vorstellungen offenbar weit mehr, die Beziehung unter den Geschlechtern als eine *symbolische Komplementarität* der inneren Wechselseitigkeit von Natur und Kultur zu betrachten.

Unter dieser Voraussetzung wäre auch wohl das Theorem von der „Auflösung" der Seelen der Frauen und Kinder nach dem

Tode sehr mißverstanden, wollte man darin eine metaphysische Lehre über die Hinfälligkeit der Seelen von Frauen und Kindern erblicken, etwa im Sinne der Diskussion in der römischen Antike und im christlichen Mittelalter, ob die Frau überhaupt eine Seele habe[11]. Nach indianischer Vorstellung ist das nicht zweifelhaft. Wohl aber haben wir gesehen, wie stark die Vision von der Unsterblichkeit der Seele bei den Indios als ein Vorgang der Vergeistigung betrachtet und mit der Bewußtwerdung, mit dem Schritt zur Kultur, identisch gesetzt wird; von daher ergibt es sich als eine einfache logische Konsequenz in der sozialen Rollenzuweisung, den Frauen und Kindern als den Verkörperungen der „Natur" die „Auferstehung" der „Seele" rituell abzusprechen: als Mitglieder der indianischen Gesellschaft, als Spielerinnen des Parts der Natur, *in ihrer kollektiven Rollenzuweisung* also, stehen die Frauen und Kinder *außerhalb* der „Vergeistigung" in den Liedern Milomakis; doch wäre es ein Fehler, aus der *kollektiven* Symbolik der Zuordnung der Geschlechter (sowie des Unterschieds von Kindern und Erwachsenen) Schlüsse zu ziehen, die in abendländischem Sinne mit einer Ablehnung der persönlichen Unsterblichkeit der Frauen und Kinder identisch wären. – Das Problem ist in etwa vergleichbar der Frage nach der *Freiheit* in der europäischen Philosophie: Der metaphysischen Doktrin nach sind natürlich alle Menschen freie Wesen, eben weil sie Menschen sind; näher betrachtet aber ist nur derjenige wirklich frei, der durch die Tathandlung seines Ichs[12] die Freiheit auch ergreift, d. h. nur derjenige, der kulturell gebildet genug ist, um zu einem eigenen Denken und einem eigenen Selbstbewußtsein zu erwachen; jeder andere kann nicht als wirklich frei gelten. Der logische Widerspruch zwischen *Freiheit an sich* und *Freiheit für sich* wird dabei niemals wirklich geschlossen; jedenfalls würde in unserer Gesellschaft wohl niemand sich anmaßen, die Menschen in freie und unfreie einzuteilen – die metaphysische Prämisse überlagert hier die Erfahrung der Wirklichkeit. Im indianischen Denken verhält es sich umgekehrt. *Hier* bildet die Erfahrung der sozialen Rollenverteilung die Grundlage der metaphysischen Anschauung, daß nur die Männer als Protagonisten von Bewußtwerdung und Kultur an sich an der Unsterblichkeit teilhaben; aber es muß diese Anschauung durchaus nicht

bedeuten, daß die Frauen und die Kinder *im konkreten*, als Einzelpersonen, für sich nicht auch als „unsterblich" gelten dürften.

Vielleicht ist es überhaupt richtiger, in Fragen dieser Art von der „Metaphysik" mit ihren unlösbaren Widersprüchen abzurücken und das Verhältnis der Geschlechter in der indianischen Gesellschaft, nach *Nietzsches* Vorbild, noch einmal mit Begriffen der Ästhetik zu beschreiben. *Friedrich Schiller* hat 1795 in seinem Aufsatz *„Über naive und sentimentalische Dichtung"* ein Begriffspaar eingeführt, das wohl besser als jedes andere die eigentümliche Rollenverteilung von Frau und Mann in der indianischen Gesellschaft unserem Denken verständlich machen kann. „Zum Naiven", meinte *Schiller*, „wird erfordert, daß die Natur über die Kunst den Sieg davontrage, es geschehe dies nun wider Wissen und Willen der Person oder mit völligem Bewußtsein derselben. In dem ersten Falle ist es das Naive der Überraschung und belustigt; in dem andern ist es das Naive der Gesinnung und rührt."[13] Und er ergänzte mit Blick auf die Haltung der *Kinder:* „Das Naive ist eine Kindlichkeit, wo sie nicht mehr erwartet wird, und kann eben deswegen der wirklichen Kindheit in strengster Bedeutung nicht zugeschrieben werden."[14] „Das Naive der Denkart kann daher niemals eine Eigenschaft verdorbener Menschen sein, sondern nur Kindern und kindlich gesinnten Menschen zukommen."[15] Besonders betonte *Schiller*, daß wir auf das Kind nicht „von der Höhe unserer Kraft und Vollkommenheit . . . herabsehen", sondern „aus der Beschränktheit unsers Zustands . . . zu der grenzenlosen Bestimmbarkeit in dem Kinde und zu seiner reinen Unschuld hinaufsehen"[16]. „In dem Kinde ist die Anlage und Bestimmung, in uns ist die Erfüllung dargestellt, welche immer unendlich weit hinter jener zurückbleibt. Das Kind ist uns daher eine Vergegenwärtigung des Ideals, nicht zwar des erfüllten, aber des aufgegebenen, und es ist also keineswegs die Vorstellung seiner Bedürftigkeit und Schranken, es ist ganz im Gegenteil die Vorstellung seiner reinen und freien Kraft, seiner Integrität, seiner Unendlichkeit, was uns rührt. Dem Menschen von Sittlichkeit und Empfindung wird ein Kind deswegen ein heiliger Gegenstand sein."[17]

Aus diesen wenigen Worten geht bereits hervor, wie es möglich ist, die scheinbar einfache, naturhafte Daseinsform, die in der indianischen Gesellschaft den Frauen und Kindern auferlegt wird, nicht mit den Augen der Verachtung, sondern im Gegenteil: der Hochachtung zu betrachten. „Sie sind", meinte *Schiller* von den „Gegenständen" der Natur, „was wir waren; sie sind, was wir wieder werden sollen. Wir waren Natur wie sie, und unsere Kultur soll uns auf dem Wege der Vernunft und der Freiheit zur Natur zurückführen. Sie sind also zugleich Darstellung unserer verlorenen Kindheit, die uns ewig das Teuerste bleibt; daher sie uns mit einer gewissen Wehmut erfüllen. Zugleich sind sie Darstellungen unserer höchsten Vollendung im Ideale, daher sie uns in eine erhabene Rührung versetzen."[18] Gerade so wäre von den *indianischen Frauen* zu sprechen – mit ihrem heiteren Lachen, ihrer unbefangenen Koketterie, ihrem einfachen Charme, ja, sogar mit ihrer künstlich wirkenden Manieriertheit, die doch nichts anderes ist als ein Zeugnis jener nie vergehender Kindlichkeit und Unschuld, an welcher es den Männern so sehr gebricht – gebrechen *muß*, aufgrund der unterschiedlichen Rolle, die sie zu spielen haben.

Für die Männer demgegenüber trifft die Beschreibung zu, die *F. Schiller* dem Begriff des „Sentimentalischen" gab, worunter er jene Haltung verstand, in welcher die Natur nicht einfach nur ist, sondern in der sie als verlorene gesucht wird. „Wir sehen alsdann in der unvernünftigen Natur eine glückliche Schwester, die in dem mütterlichen Hause zurückblieb, aus welchem wir im Übermut unserer Freiheit heraus in die Fremde stürmten. Mit schmerzlichem Verlangen sehnen wir uns dahin zurück, sobald wir anfangen, die Drangsale der Kultur zu erfahren, und wir hören im fernen Ausland der Mutter rührende Stimme. Solange wir bloße Naturkinder waren, waren wir glücklich und vollkommen; wir sind frei geworden und haben beides verloren. Daraus entspringt eine doppelte und sehr ungleiche Sehnsucht nach der Natur, eine Sehnsucht nach ihrer Glückseligkeit, eine Sehnsucht nach ihrer Vollkommenheit. Den Verlust der ersten beklagt nur der sinnliche Mensch; um den Verlust der anderen kann nur der moralische trauern."[19]

Warum also dürfen die Frauen und Kinder die Flöten Milomakis nicht sehen noch hören? Unsere Antwort lautet, mit *Schiller* gesprochen: damit sie als das Gegenüber jener „sentimentalischen" Poesie und Melodie sich zu erhalten vermögen, die dem „männlichen" Verständnis der Kultur ebenso wie der Kunst (d. h. der Musik und der Poesie) zugrunde liegt.

Ein überraschendes Ergebnis! – Ausgezogen, einer „ursprünglichen" Form von Kultur zu begegnen, in welcher die Menschen als „Kinder" der Natur uns in lehrreicher Andersartigkeit entgegenträten, treffen wir „sentimentalisch" Suchenden zu unserem Erstaunen eine Kultur an, die jene Spannung, an welcher wir leiden, nicht minder kennt als wir selbst, nur daß sie den schmerzhaften Konflikt zwischen Natur und Kultur, anders als wir, nicht als einen Unterschied zwischen den Kulturen selbst befestigt, sondern ihn mit den Mitteln einer symbolischen Rollenverteilung zwischen den Geschlechtern und Generationen als eine Differenz innerhalb ihrer selbst ausdrückt und damit integrierbar macht. Statt des üblichen Klischees von Patriarchalismus und Matriachalismus, mit dem wir die Unausgeglichenheiten unserer eigenen Kultur ideologisch zu bearbeiten suchen, stoßen wir vielmehr auf ein Problem, das jeder menschlichen Kultur zugrunde liegt, die als ein Werk bewußter Gestaltung nie mehr nur Teil der Natur sein kann und dennoch in der Natur den Ort ihrer Sehnsucht und Liebe, ihrer Anbetung und Andacht, ihrer Geborgenheit und Heimat erahnt und erschaut. Wäre es möglich, daß die offenbaren Ungerechtigkeiten in der Rollenverteilung zwischen Mann und Frau in unserer christlichabendländischen Kultur lediglich das späte Relikt einer symbolischen Wechselbeziehung zwischen den Geschlechtern darstellen, deren integrale Synthese zerfiel, als der Bezug zur Natur und damit ihr eigentlicher Sinn aus den Augen geriet? Zu Ende wäre dann der ideologische Wunschtraum eines in die Vergangenheit projizierten idealen Zustandes der Frauenherrschaft, und vor uns läge eine wichtige, ja, entscheidende Aufgabe: Wir würden erkennen, daß es eine Versöhnung zwischen den Geschlechtern nur gibt in der Versöhnung des Menschen mit seiner biologischen Umwelt, in der Versöhnung von Kultur und Natur. Nicht die Herrschaft des einen über den anderen kann auch nur vorübergehend als Ziel gelten, wohl aber eine Wechselbeziehung gegenseitiger Verweisungen und Abhängigkeiten, und da stehen wir offenbar den „sentimentalen" Yahuna-Indianern selber bereits wieder mit „sentimentalen" Gefühlen gegenüber. Wir haben wirklich zu lernen von dem, was uns bislang, verblendet durch eigene Anmaßung, primitiv und roh erscheinen mochte, was aber, jenseits des Dunkels der christlich-abendländischen Exklusivität, als menschlich heilsam auf uns zurückwirken könnte.

h) Das Lied der Flöte und der Kreistanz des Lebens

Was aber ist es dann mit dem Klang der Flöte selbst? Man muß beachten, wie stark die Flöte in den Überlieferungen der Völker als ein göttlicher Gegenstand betrachtet wird, und das gewiß nicht zufällig. Neben der Trommel[1] darf man die Flöte musikgeschichtlich zu den ältesten Instrumenten der Menschheit zählen, und so ist es kein Wunder, daß immer wieder geheimnisvolle Geschichten zwischen Göttern und Menschen die Herkunft und Wirkung gerade dieses Musikinstrumentes zu erklären suchen. So erzählt *Ovid* z. B. von dem Wettstreit, den der bocksfüßige Hirtengott *Pan* auf seiner „wachsverstrichenen Flöte von Schilfrohr" gegen das Leierspiel des *Apoll* am Berge Tmolus aufführte – *Midas*, der als einziger bei dem Streit dem Klang der Flöte den Vorzug gab, ward von *Apoll* in einen Esel verwandelt, und noch heute, wenn der Südwind den schwankenden Schilf in dem Hain durchweht, erklingt es leise tönend wie: „Midas ist ein Esel, Midas ist ein Esel."[2] Diese Geschichte beschreibt bereits, wie sehr „das Rohr steht unter der Leier"[3] und somit der kulturelle Fortschnitt (*Apoll* mit der Leier) über das (halbtierische) Hirtenleben (der bocksfüßige *Pan* mit der Flöte) hinausgewachsen ist (Tafel 3). Gleichwohl gilt das kulturgeschichtlich ältere gewöhnlich religiös als das ehrwürdigere und den Göttern nähere; und diese Regel gilt wohl auch für die Wertschätzung der Flöte.

Den ursprünglichen Sinn der Flöte und den religiösen Sinn der Musik überhaupt zu beschreiben ist wohl kaum ein Mensch auf Erden berufener als der islamische Mystiker *Dschalal ad-Din ar-Rumi* (1207-1273), der Gründer des Derwischordens der Mewlewije. Sein Leben lang hat er sich der Musik, der Dichtung und dem ekstatischen Tanz gewidmet, nachdem er von dem geheimnisvollen *Schemseddin* aus Tebriz „in die Übungen des astralen Drehtanzes eingeweiht" wurde, „einer Art Walzer in sechs Takten mit einem Orchester, indem die Querflöte, die Laute und die Geige vorherrschten . . . Die Biographen berichten, daß Dschalal ad-Din ar-Rumi es versuchte, Stunden und Tage lang den Drehtanz zu üben"[4]. Von der Musik und speziell vom Spiel der Flöte schrieb er: „Unsere Musik ist das Echo der Hymnen, welche die Sphären in ihrem Kreislauf singen . . . Der Gesang der wandelnden Welten ist es, den die Menschen wiedergeben wollen, indem sie die Hilfe der Laute und der Stimme in Anspruch nehmen. Wir haben alle diese hohen Melodien im Paradies vernommen, das wir verloren, und obwohl uns die Erde und das Wasser niedergedrückt haben, behalten wir die himmlischen Gesänge in unserem Gedächtnis. Wer liebt, der nährt seine Liebe, indem er der Musik lauscht, denn die Musik erinnert ihn an die Freuden seiner ersten Vereinigung mit Gott . . . Höre die Stimme der Flöte, die aus Schilfrohr geschnitten wurde, höre, was sie erzählt und worüber sie klagt. Seitdem man mich im Schilf am Moor geschnitten, so sagt sie, beklagen sich Mann und Frau bei meiner Musik. Mein Herz ist von der Verlassenheit zerrissen; dem ist so, damit ich den Schmerz ausdrücken kann, den die Sehnsucht bringt. Jeder, der weit von seinem Ursprung entfernt lebt, sehnt sich nach dem Tage der wiederkehrenden Vereinigung . . . Die Klage der Flöte ist nicht nur Luft, sondern auch Feuer. Wer dieses Feuers entbehrt, ist wie ein Toter. Das Feuer der Liebe ist es, welches der Flöte ihre Seele gibt . . . Die Flöte ist die Vertraute der unglücklich Liebenden. Sie hat meine innersten Geheimnisse enthüllt. Wer kennt ein Gift oder ein Gegengift, das sich mit der Flöte messen könnte? . . . Sei mir gegrüßt, Liebe, du sanfter Wahn! Du, die du alle unsere Gebresten heilst, du Chirurg unseres Ehrgeizes und unserer Anmaßung . . . Die Liebe verzückt unsre irdischen Körper gen Himmel und läßt mit Freuden sogar die Hügel tanzen . . . Wenn mein Geliebter mich auch nur mit seinen Lippen berührt, ich werde gleich der Flöte in Melodien ausbrechen."[5]

So ist der Ton der Flöte der ferne Nachhall eines verlorenen Paradieses, so ist er die Klage über eine sehnsuchtsvoll durchlittene Trennung, so ist er der Klang des Glücks einer endlich sich erfüllenden Liebe. Einheit und Zerrissenheit, Erinnerung und Hoffnung werden wach in den Liedern der Flöte und nehmen Gestalt in dem am meisten menschlichen, weil atemnächsten aller Musikinstrumente. Und zu den Liedern der Flöte, unterstützt durch Laute und Geige, fügt sich wie von selbst *der Rundtanz des Lebens* zusammen: im Kreise tanzen die Sterne, im Kreise dreht sich die Sonne, im Kreise dreht sich das Jahr[6] – alles, was lebt, bewegt sich im Kreise, so daß es kommt und geht und im ewigen Zyklus den Tod überwindet[7]. So tanzten die Derwische in der Schule des *Dschalal ad-Din ar-Rumi* in weißen Totengewändern den Kreistanz des Sterbens, wie um daraus ein Elixier der Unsterblichkeit zu gewinnen. Dieses Elixier übrigens hat in Europa eine sonderbare Immunwirkung gegen die Todesangst hinterlassen: aus dem Kreistanz der persisch-türkischen Derwische, der, wie die Lieder Milomakis, nur von Männern aufgeführt wurde, entwickelte sich unter dem Charme der unvergleichlichen Habsburger der *Wiener Walzer* mit seiner ihm eigenen Todesverachtung und seinem weinseligen, fast muslimischen Phlegma. Es ist eine Stimmung, die es ermöglicht, das Auf und Ab des Lebens so anzunehmen, wie es ist, ohne Klagen und Zagen, ohne Kampf und Krampf, ohne Ablehnung und Auflehnung[8]. Was *Dschalal ad-Din ar-Rumi* indessen mit seinem religiös-mystischen Kreistanz der Versenkung in Wahrheit wollte, schreibt er selber im „Diwan":

„Wie sollte die Seele nicht fliegen,
  wenn aus seiner Nähe es singt
Und lieblich der Spruch seiner Gnade
  Erhebe dich! vor ihr erklingt?
Wie sollte der Fisch sich nicht stürzen
  vom Trocknen ins leuchtende Meer,
Wenn lockend die Stimme der Welle
  zu ihm aus dem Ozean dringt?
Wie sollte der Falke zum Sultan
  nicht eilen geschwind von der Jagd,
Sobald ihm die Trommel des Herrschers
  den Ruf: Kehr zurück zu mir! bringt?
Wie sollte – atomgleich – der Sufi

nicht drehen sich trunken im Tanz,
Im Strahle der Sonne des Bleibens,
  wo ewiges Bleiben ihm winkt?
O Schönheit und Freude und Güte
  und Annehmlichkeit und Genuß!
O daß aller Kummer und Irrtum
  wie welkendes Laub von ihm sinkt!
Nun fliege, nun fliege, du Vogel,
  zu deinem ureigenen Stoff:
Vom Käfig bist du befreit,
  gebreitet dein Federkleid blinkt.
So reise vom salzigen Wasser
  zum Lebenswasser geschwind,
Sorg, daß deine Seele vom Staube
  zum Hochsitze wieder sich schwingt!
Wir folgen dir: gehe, o Seele,
  aus der Welt voll Trennung und Leid
In jene, wo man den Becher
  des ewigen Einswerdens trinkt.
Wie lange noch sollen wir bleiben
  in staubgeschaffener Welt,
Dem Kinde gleich, das im Rocksaum
  Staub, Steine und Scherben nur bringt?
Wir ziehen zurück unsre Hände
  vom Staub, fliegen wir jetzt himmelwärts:
Wir fliehen von unserer Kindheit
  dorthin, wo der Reife nur trinkt.
Die staubigen Formen umhüllten
  gleich einem Sack dich, o Freund:
Zerreiße den Sack, trage aufwärts
  das Haupt, das er jetzt noch umschlingt.
Du liebender Liebster, du künde
  daß du allein Herrscher hier bist,
Da dich ja die Gnade der Frage
  Und Wissen der Antwort durchdringt."[9]

Schöner läßt sich das Heimweh der Seele und ihre Erhebung zum Himmel nicht ausdrücken; und es ist gerade *der Tanz* und *die Musik*, die für den persischen Mystiker den Übergang in die Welt des Nicht-Seins, d. h. des wahren Seins vermitteln:

„Lange blieb hingewandt mein Ohr:
  denn es erwartete sehnlich,
Wollte dem Ruf von Wo-kein-Ort
  gerne lauschen mit Schweigen.
Längst schon gewöhnte sich das Ohr,
  das süße Klänge trinkt,
Daß es aus Himmel- und Erdenreich
  höre den Klang zum Reigen!
Ein Zweig vom Himmelstanze ist
  nur aller Reigen auf Erden,
Und von dem Seelentanze sind
  Tänze des Lebens gleich Zweigen!
Du höre auf den Donnerhall,
  wie auf die Bäume er wirket –
Knospen und Früchte müssen sich
  klagend zur Erde neigen.
Hallte ein Ruf im Nicht-Sein:
  da sagte das Nicht-Sein: ‚Gewiß,
Ich setz den Fuß in jenes Land,
  froh, grün und frisch mich zu zeigen.‘
Es hörte Gottes Urzeit-Ruf,
  tanzend ward es und berauscht,
Nicht-Sein war es und ward zum Sein –
  Herzen und Tulpen und Feigen!“[10]

Was bei Betrachtungen dieser Art immer wieder überraschen muß, das ist die internationale, kultur- und religionübergreifende Gemeinsamkeit der entsprechenden Bilder menschheitlicher Hoffnung, gleich, ob wir ihnen im Amazonasurwald des 20. Jh.'s, im Ostanatolien des 13. Jh.'s oder im antiken Griechenland des 4. Jh.'s v. Chr. begegnen. Ja, womöglich ist das die beeindruckendste Einsicht der vorliegenden Interpretation eines indianischen Mythos überhaupt: wie einheitlich die Symbole sind, in denen, gleich, unter welchen Umständen, die tröstenden Visionen der Religion gegen den Tod sich immer von neuem mitteilen müssen.

Der singende Gott, der zerrissen wird, der aber in seinem Tod den Menschen zum Sakrament des Lebens wird, – dieses Mythem begegnete uns in dem thrakischen *Orpheus*[11] ebenso wie in dem kleinasiatischen bzw. kretischen *Dionysos*[12]; es begegnet uns, abgeleitet, zugleich in all den Vegetationsgöttern, die unter den Klageliedern der Menschen zu Unrecht getötet und zerstückelt wurden, um in ihrem Sterben sich vervielfacht dem Leben zurückzuschenken: Im Libanon verstarb der schöne Jüngling *Adonis* unter den Klageliedern der Erntearbeiter: „Ai lanu“ – weh uns[13]; unter den Trauergesängen der Frauen, die im Alten Ägypten die weinende Isis begleiteten, verstarb der gute Gott *Osiris*[14], der die Menschen den Ackerbau lehrte; und im alten Rom trug man den phrygischen *Attis* in Gestalt einer gefällten Fichte zu Grabe[15]. Das heute noch großartigste Symbol aber für die Ewigkeit des Lebens in dem Kreistanz eines Gottes der Zerstörung und der Neuschöpfung verdanken wir ohne Zweifel der Kultur der *Chola* in Südindien im 9.-10. Jh. n. Chr. Berühmt ist die Bronze-Plastik des *Shiva Nataraja*[16], des Herrn des Tanzes, wie er auf dem gebändigten Körper eines Zwergendämons tanzt, der, je kach Deutung, das Böse oder die irdische Welt verkörpert *(Tafel 4)*. Die Hüfte des Gottes umgürtet eine Schlange, die in der indischen Mythologie die regenerative Kraft des Kosmos verkörpert. *Shivas* Tanz vollzieht sich inmitten einer Aureole aus Feuer; zusammen mit der Flamme in der linken Hand sind es 22 (auf anderen Darstellungen 24) Feuer, in deren Kreis der Lauf des Universums immer neu lodert und verlöscht, um sich als ganzen zu vollenden. Das Zentrum der Plastik liegt knapp oberhalb des Nabels des Gottes, von wo die Dynamik der Bewegung ausgeht; die Mittelachse ist mit der Körperachse *Shivas* identisch und führt über den Kopf zu der mittleren Flamme der Feueraureole; um sie herum schwingt die gesamte Bewegung einer reinen Seligkeit des Seins, in welcher der Gott mit der einen Hand die Welt erschafft und mit der anderen vernichtet. Fragt man indessen nach der Botschaft dieses Bildes, so müßte man sagen: Versuche so zu leben, daß du dich dem Rhythmus der Welt anschließt; frage nicht nach einem Sinn oder einem Inhalt jenseits des Lebens; denke, daß sich die Welt in ihrem Kommen und Gehen nach ihren eigenen Maßen erfüllt; und wenn du antworten sollst, warum du gelebt hast, so sieh zu, daß du sagen kannst: mein Leben war eine Bewegung, die sich in Glück und Schmerz erhielt. „‚War Das – das Leben?‘ will ich zum Tode sprechen. ‚Wohlan! Noch einmal!‘“, ließ *Nietzsche* seinen Zarathustra sagen[17]. Daß das Leben ein Gesang und der Tod ein Erheben sei – wenn es so wäre, hätten wir den Mythos von Milomaki verstanden.

Was aber, wenn der Kummer und die Traurigkeit die Kraft aller Lieder verzehren? Vielleicht ist es angebracht, mit einem kleinen Gedicht der tapferen, klugen und niemals ganz zu entmutigenden Berliner Jüdin *Mascha Kaléko* zu enden, das sie als ihr *„letztes Lied"* bezeichnete und das nichts weiter ist als ein Vermächtnis an ihr Kind; *ihm* wünscht sie, glücklicher werden zu können, als sie selbst es zu sein vermochte:

„Ich werde fortgehn, Kind. Doch du sollst leben
Und heiter sein. In meinem jungen Herzen
Brannte das goldne Licht. Das hab ich dir gegeben,
Und nun verlöschen meine Abendkerzen.

Das Fest ist aus, der Geigenton verklungen,
Gesprochen ist das allerletzte Wort.
Bald schweigt auch sie, die dieses Lied gesungen.
Sing du es weiter, Kind, denn ich muß fort.

Den Becher trank ich leer, in raschem Zug
Und weiß, wer davon kostete, muß sterben . . .

Du aber, Kind, sollst nur das Leuchten erben
Und all den Segen, den es in sich trug.

Mir war das Leben wie ein Wunderbaum,
Von dem in Sommernächten Psalmen tönen.
– Nun sind die Tage wie geträumter Traum;
Und alle meine Nächte, alle – Tränen.

Ich war so froh. Mein Herz war so bereit.
Und Gott war gut. Nun nimmt er alle Gaben.
In deiner Seele, Kind, kommt einst die Zeit,
Soll, was ich nicht gelebt, Erfüllung haben.

Ich werde still sein; doch mein Lied geht weiter.
Gib du ihm deinen klaren, reinen Ton.
Du sei ein großer Mann, mein kleiner Sohn.
Ich bin so müde – aber du sei heiter.[18]

Wenn wir nur irgendetwas auf Erden wirklich lieben, so wird das Lied des Lebens weitergehen. Was braucht es mehr? Die wahre *raison d'être* – das ist „der Geist der Musik" – Das ist Milomakis Gesang.

Anmerkungen

Vorwort

1 A. Schopenhauer: Über Religion, in: Vereinzelte, jedoch systematisch geordnete Gedanken über vielerlei Gegenstände. Parerga und Paralipomena, 2. Bd., Sämtliche Werke hrsg. v. A. Hübscher, Bd. 6, Wiesbaden 1947, 343-419, § 174, S. 346-347: „So stark ist demnach die Gewalt früh eingeprägter religiöser Dogmen, daß sie das Gewissen und zuletzt alles Mitleid und alle Menschlichkeit zu ersticken vermag . . . Das haben sie bloß Dem zu danken, daß die Erziehung in den Händen der Geistlichkeit ist, welche Sorge trägt, ihnen sämtliche Glaubensartikel in frühester Jugend so einzuprägen, daß es bis zu einer Art partieller Gehirnlähmung geht, die sich dann zeitlebens in jener blödsinnigen Bigotterie äußert . . . Wenn wir nun aber erwägen, wie wesentlich es zu dergleichen Meisterstücken ist, daß die Glaubensimpfung im zarten Kindesalter geschehe; so wird uns das Missionswesen nicht mehr bloß als der Gipfel menschlicher Zudringlichkeit, Arroganz und Impertinenz, sondern auch als absurd erscheinen, so weit nämlich, als es sich nicht auf Völker beschränkt, die noch im Zustande der Kindheit sind . . ., wo es demgemäß auch wirklich Erfolg gehabt hat; während hingegen in Indien die Brahmanen die Vorträge der Missionarien mit herablassendem beifälligem Lächeln, oder mit Achselzucken erwidern . . ."

2 Vgl. z. B. K. Jaspers: Von Ursprung und Ziel der Geschichte, Frankfurt (Fischer Tb. 91) 1955, 73, der mit Bezug zu den asiatischen Kulturen meint: „Es gibt in Asien, was uns fehlt und was uns doch wesentlich angeht! Es treten von dort Fragen an uns heran, die in unserer eigenen Tiefe ruhen. Wir haben für das, was wir hervorbrachten, vermochten, geworden sind, einen Preis gezahlt. Keineswegs sind wir auf dem Weg des sich vollendenden Menschseins. Asien ist unsere unerläßliche Ergänzung. Wenn wir von uns her nur verstehen, indem wir wiedererkennen, was wir selber sind, so vermögen wir doch vielleicht wiederzuerkennen, was in uns so verborgen und verschüttet ist, daß wir es nie zum Bewußtsein brächten ohne den Spiegel des zunächst Fremden. Wir würden verstehen, indem wir uns selber darin erweitern, weil aufblüht, was in uns schlummert."

1. Vom Interesse an einer indianischen Mythe

1 J. H. Reichholf: Der unersetzbare Dschungel. Leben, Gefährdung und Rettung des tropischen Regenwaldes, München–Wien–Zürich 1990, 140-154: Menschen im Tropenwald. R. Behrend – W. Paczian (Hrsg.): Raubmord am Regenwald, Vom Kampf gegen das Sterben der Erde, 51-74. P. Baumann: Amazonien darf nicht sterben. Geleitwort von H. Sioli, Wien 1990, 85-118: Die Indianer. Eine sterbende Welt. Vgl. auch M. Collins (Hrsg.): The last Rain Forests, 1990; dt.: Die letzten Regenwälder, übers. v. C. Arndt, Vorw. v. D. Attenborough, Berlin, Gütersloh, München, Stuttgart 1990, 110-129.

2 C. Lévi-Strauss: Tristes Tropiques, Paris 1955; dt.: Traurige Tropen, übers. v. S. Heintz, Köln–Berlin 1970, 183: „Das Wesentliche des Dorfes besteht . . . weder in seiner geographischen Lage noch in den einzelnen Hütten, sondern in der oben beschriebenen Struktur, die in jedem Dorf zu finden ist. Man versteht . . ., warum die Missionare die gesamte Kultur der Eingeborenen zerstören können, wenn es ihnen gelingt, zu verhindern, daß die Dörfer nach der traditionellen Bauweise erstellt werden." Zum Drogengebrauch bei südamerikanischen Indios vgl. J. M. Cooper: Stimulants and Narcotics, in: J. H. Steward (Ed.): Handbook of South American Indians, 7 Vols., V. vol., New York 1963, 525-558. Vgl. auch G. Neufeldt: Das Schicksal der Waldindianer in Brasilien, in: Ethnologische Zeitschrift 1, Zürich 1974. W. Dostal (Ed.): The Situation of the Indian in South America (Veröffentlichungen des Seminars für Ethnologie der Universität Bern 3), Genf 1972; M. Münzel: Die indianische Verweigerung. Lateinamerikas Ureinwohner zwischen Ausrottung und Selbstbestimmung, Hamburg (rororo 4274) 1978. Eine allgemeine Übersicht über die verschiedensten Themenbereiche von Kultur und Religion bietet F. Neumair: Brasiliens Indianer – werden sie überleben?, Oberstdorf (Selbstverlag) 1984.

3 C. Lévi-Strauss: A.a.O., 350.

4 A.a.O., 350.

5 Vgl. M. Eliade: The Quest, Chicago 1969; dt.: Die Sehnsucht nach dem Ursprung. Von den Quellen der Humanität, übers. v. H. Bronold, Wien 1973, 15-26: vgl. ders.: Mythes, Rêves et Mystères, Paris 1956; dt.: Mythen, Träume und Mysterien, übers. v. M. Benedikt – M. Vereno, Salzburg 1961, 88-107.

6 Zitiert nach C. Lévi-Strauss, s. o. Anm. 2, S. 285.

7 Vgl. M. Eliade: Mythen, Träume und Mysterien, s. o. Anm. 5, S. 46-52.

8 C. Lévi-Strauss: Traurige Tropen, s. o. Anm. 2, S. 363.

9 Vgl. A. Huxley: Evolution in Action, London 1953; dt.: Entfaltung des Lebens, übers. v. J. u. Th. A. Kunst, Frankfurt (Fischer Tb. 61) 1954, 143-144.

10 Vgl. K. JASPERS: Vom Ursprung und Ziel der Geschichte, Frankfurt (Fischer Tb. 91) 1955, 214: „Der Weg zur Weltordnung kann nur gelingen, wenn Toleranz herrscht. Intoleranz bedeutet Gewalt, Abstoßen und Eroberung . . . Toleranz dagegen ist aufgeschlossen, weiß um die eigene Beschränkung, will sie in der Verschiedenheit menschlich verbinden, ohne die Vorstellungen und Gedanken des Glaubens auf einen schlechthin allgemeingültigen Nenner zu bringen."

11 E. SELER (Übers.): Fray Bernardino de Sahagun (ca. 1550): Historia general de las cosas de la Nueva España; daraus E. SELER: Einige Kapitel aus dem Geschichtswerk des Fray Bernardino de Sahagun, aus dem Aztekischen übers., hrsg. v. C. Seler-Sachs, Stuttgart 1927.

12 W. CORDAN: Popol Vuh. Das Buch des Rates. Mythos und Geschichte der Maya. Aus dem Quiché übertr. u. erl., Düsseldorf–Köln 1962, 6; 7.

13 A.a.O., S. 11. – Gedacht sei freilich bes. des Missionars, dessen Aufzeichnungen aus dem 18. Jh. für das Amazonasgebiet zu den bedeutendsten zählen: *Marcos Jimenez de la Espada:* Noticias Auténticas del famoso Rio Marañon y Mission Apostólica de la Compañia de Jesús de la Privincia de Quito en los dilatados bosques de dicho Rio. Enscribiales por los años de 1738 un misionero de la misma Compañia y las publica ahora por primera vez Marcos Jimenez de la Espada, in: Boletin de la Sociedad Geografica de Madrid, Vols. 26-33, 1889-92. Vgl. dazu A. METRAUX: Jesuit Missions in South America, in: J. H. Steward (Ed.): Handbook of South American Indians, 7 Bde., New York 1963, V 645-653, der die Missionsversuche als „Beispiele vernünftiger und menschlicher Kolonisation" (645) herausstellt und die „Fehler" aus dem Geist der Zeit zu erklären sucht. Dieser „Geist der Zeit" freilich war eben christlich-missionarisch, nicht verstehend-tolerant. C. NIMUENDAJU: The Tukuna, University Californian Publishing Amer. Archaeol. Ethnol., Vol. XLV, Berkeley–Los Angeles 1952, S. 78 etwa schildert, wie *Pater Samuel Fritz* Ende des 17. Jh.'s das Yurupari-Fest als Teufelsfest betrachtete und die Klänge der Flöte unerträglich fand. – Zum Thema selbst vgl. auch H. J. PRIEN: Indianerpolitik und katholische Mission in Brasilien im 19. und 20. Jahrhundert, in: Beiträge zur Völker- und Sprachenkunde, Archäologie und Anthropologie des indianischen Amerika, 3. Bd., Berlin 1975. – Wie negativ die christliche Mission speziell der Gestalt des *Juru-*

pari gegenüberstand, deren Verständnis für die *Milomaki*-Mythe unerläßlich ist, mag man an der Hilflosigkeit erkennen, mit der noch im Jahre 1890 E. STRADELLI: L'Uaupés e gli Uaupés, in: Bolletino della Società Geografica Italiana, Serie III, Vol. III (Anno 24, Vol. 27), Rom 1890, 425-453, S. 452 bemerkt, das einzige, was er habe feststellen können, sei, „daß die Identifikation des Jurupari mit dem Teufel falsch sei"; er widerspricht damit den Missionaren, die in den indianischen Riten noch zu dieser Zeit eine „Teufelsreligion" sahen.

14 Vgl. G. E. LESSING: Nathan der Weise. Ein dramatisches Gedicht in fünf Aufzügen (1779), in: Werke, hrsg. v. P. Stapf, 2 Bde., Wiesbaden (Volmer Verl.), I 829-951, 3. Aufzug, 7. Auftritt, S. 890-896: Die Ringparabel

15 A. BASTIAN: Die Heilige Sage der Polynesier. Kosmogonie und Theogonie, Leipzig 1881, 209-216.

16 Zu den Parallelen der christlichen Abendmahlvorstellungen vgl. E. DREWERMANN: Der Krieg und das Christentum, Regensburg 1982, 290-300.

17 C. LÉVI-STRAUSS: Traurige Tropen, s. o. Anm. 2, S. 211. Vgl. P. BAUMANN: Amazonien darf nicht sterben, s. o. Anm. 1, S. 94-99.

18 Zum Verständnis von Urzeitmythen vgl. U. MANN: Theogonische Tage. Die Entwicklungsphasen des Gottesbewußtseins in der altorientalischen und biblischen Religion, Stuttgart 1970, 72-75: „für den Mythos . . . spielt die Geschichte zwar eine tragende Rolle, aber das eigentliche Thema ist ein anderes: die Epiphanie der Gestalt." Vgl. E. DREWERMANN: Strukturen des Bösen. Die jahwistische Urgeschichte in exegetischer Sicht, 3 Bde., Paderborn 1977-78, 1. Bd., S. XVIII-XXXI. Vgl. zu dem Zusammenhang von Kult und Mythos die wichtige Arbeit von A. E. JENSEN: Mythos und Kult bei Naturvölkern. Religionswissenschaftliche Betrachtungen, Wiesbaden (Studien zur Kulturkunde Bd. 10) 1951, 118-122; 143-164; 197-229, zu Urzeit und Wirklichkeit, zur Gestalt des Kulturheros und zu Tötungsritualen bei Jägern und Pflanzern. Sehr richtig schreibt in gleichem Sinne U. BÖDIGER: Die Religion der Tukano im nordwestlichen Amazonas, Köln 1965, 187 zur Erläuterung der Yurupari-Feier des Milomaki-Mythos: „Auf einige der religiösen Feste der Ost-Tukano (sc. denen auch die Yahuna zugehören, d. V.) wandten wir die Bezeichnung ‚Kult' an, im Gegensatz zu den Schamanen-Festen der

West-Tukano, für die wir diese Bezeichnung als unzutreffend erkannten. In den Oberbegriff ‚religiöse Feste' schlossen wir alle auf mythische Geschehnisse und mythische Handlungsträger bezogene Feste ein, hingegen wollten wir unter ‚Kult' im wesentlichen die Erinnerung und Vergegenwärtigung des mythisch erkannten Seins und seiner Ordnungen verstehen. Diese Definition (sc. von A. E. Jensen, d. V.) bedarf noch einer Präzisierung dahingehend, daß dem mythischen Erkennen des Seins ein mythisches ‚Geworden-Sein' vorausgeht. Die Vergegenwärtigung des Gewordenseins, die Erinnerung an das Urzeitgeschehen, steht im Mittelpunkt der Kulte. Diese Vergegenwärtigung der mythischen Geschehnisse kann auf verschiedene Art vollzogen werden, durch das Rezitieren des Mythos, durch dramatische Darstellung mythischer Geschehnisse oder durch die Wiederholung von Handlungen des Urzeitwesens selbst." In diesem angegebenen Sinne ist der *Milomaki* der Yahuna-Indianer unzweifelhaft als Kultheros zu bezeichnen. Zugleich aber ist *Milomaki* auch ein Kulturheros. U. BÖDIGER (a. a. O., 137-138) meint mit Bezug zu TH. KOCH-GRÜNBERG: Zwei Jahre unter den Indianern. Reisen in Nordwestbrasilien. 2 Bde., Berlin 1909-1910, II 292, es seien in der Gestalt *Milomakis* die Wesensmerkmale eines Buschgeistes „verblaßt oder idealisiert, andererseits sind aber außer seiner Beziehung zur Sonne keine Kulturheroen-Züge von ihm berichtet." Das gilt wohl nur mit Einschränkung. Denn es ist wesentlich der vollkommen einmalige Zug der Yahuna-Mythe, ihr eigentlich genuiner und genialer Inhalt, daß sie *Milomaki* den Wohlklang der Musik zu den Menschen bringen läßt. Dieses kulturelle Motiv unterscheidet die *Milomaki*-Mythe zentral von den „Kulturheroen" bei dem Jurupari des Uaupés und dem Uakti der Tukano; letzterer war „der Erzeuger unheimlicher Töne, die nach seinem Tod von den Flöten wiedergegeben werden" (U. BÖDIGER: A.a.O., 138). Das ist bei aller Ähnlichkeit im gesamten Gefühlskolorit und Sinn der Geschichte etwas vollkommen anderes. Für die Deutung der Mythe von *Milomaki* ist noch von Belang, daß neben der Beziehung des Kult- und Kulturheros zur Musik die Beziehung zu Bäumen und deren Früchten den Worten nach zwar zu fehlen scheint, daß sie aber immerhin darin anklingt, daß die Flöten zur Reifezeit bestimmter Früchte verwandt werden (S. 138). – Zur Charakterisierung der höchst ambivalenten Züge von Wild- und Buschgeistern vgl. H. BAUMANN: Afrikanische Wild- und Buschgeister, in: Festschrift für B. Ackermann, Berlin 1939, 208-239; bes. O. ZERRIES: Wild- und Buschgeister in Südamerika. Eine Untersuchung jägerzeitlicher Phänomene im Kulturbild südamerikanischer Indianer, Wiesbaden 1954, der (S. 207-251) vor allem die Beziehung der Buschgeister zu bestimmten Pflanzen und Bäumen hervorhebt. Vgl. auch DERS.: Die kulturgeschichtliche Bedeutung einiger Mythen aus Südamerika über den Ursprung der Pflanzen, in: Zeitschrift für Ethnologie, Bd. 77, Braunschweig 1952, 62-82, S. 75 f., der die Gestalt *Milomakis* (oder des Siusi der Koai) als eine Mischung zwischen dem „Jurupari" als Pflanzendämon und einem Kulturheros (nach Vorstellung der Aruaks) deutet. Als „typisch" für die Kennzeichnung eines Buschgeistes hält ZERRIES die Züge, die auch der Jurupari in NW-Brasilien kennt, „zu dessen Ehren die Reifefeste der Waldfrüchte gefeiert werden, . . . wie seine tödliche Feindschaft gegen Frauen, seine kannibalischen Gelüste, seine sexuellen Begierden." Wenn dies die Urform des Jurupari bei den alten Ost-Tupi war, so ist davon in der Mythe von Milomaki allerdings kaum mehr etwas zu merken. Vgl. auch die Gestalt des *Quwai*, des Gestalters (nicht „Schöpfers") und Kulturheros der Cubeo-Indios am Cuduiari-Fluß, eines Tukano-sprechenden Stammes. Er ist deutlich unterschieden von den *abuhuwa*, den Buschgeistern, die vor allem den Frauen nachstellen und den Kindern gefährlich werden. Vgl. I. GOLDMAN: Cosmological Beliefs of the Cubeo Indians, in: Journal of American Folklore, vol. 53, p. 242-247, New York 1940. In *Milomaki* gehen in gewissem Sinne die Züge eines Kulturheros und eines Buschgeistes ineinander. Zur Sprache vgl. A. GIACONE: Pequena Gramatica e Dicinario da Lingua Tucana, in: DERS.: Os Tucanos e outras tribus do Rio Uaupés afluente de Negro-Amazonas, São Paulo 1949, 141-190.

2. Die kulturelle und soziale Umwelt der Tukano

1 K. A. NOWOTNY: Amerika, in: H. A. Bernatzik (Hrsg.): Neue Große Völkerkunde. Völker und Kulturen der Erde in Wort und Bild, Einsiedeln 1974, 699-894, S. 820. Als allgemeine Einführung vgl. R. H. LOWIE: The tropical Forest Tribes, in: J. H. Steward (Ed.): Handbook of South American Indians, 7 Vols.; III. vol., New York 1963, p. 1-56, bes. 46-55 über Religion und Mythologie der Indios, einschließlich der Milomaki-Mythe (S. 46), DERS.: Social and political organization of the tropical forest and marginal tribes, in: A.a.O., V. vol., 313-350, p. 316. I. GOLDMAN: Tribes of the Uaupes-Caqueta Region, in: A.a.O., III 763-798, S. 764-767 zur Einteilung der Tukano-Stämme; vgl. auch G. REICHEL-DOLMATOFF: Amazonian Cosmos. The Sexual and Religious Symbolism of the Tukano Indians, Chicago–London 1971, 3-20; ebenso F. TRUPP: Mythen der Makuna, Wien 1977, 19-21: Kulturwandel. – Die Kultur der Yahuna ist stark beeinflußt von den Aruaks. Insbesondere scheint es, daß die Kulturheroenmythologie, die der Milomaki-Erzählung zu Grunde liegt, im nordwestlichen Amazonas wesentlich durch die Aruaks verbreitet wurde; vgl. U. BÖDIGER: Die Religion der Tukano im nordwestlichen Amazonas, Köln 1965, 175. Sie meint (S. 192): „Die Kulte mit Sakralinstrumenten sowie die Kulturheroenmythologie waren den Tukano wohl ursprünglich fremd. Bei den West-Tukano ist in den Quellen nichts enthalten, was auf ein Vorhandensein beider Elemente schließen ließe; das Fehlen der Sakralinstrumente ist von einigen West-Tukano sogar bezeugt. Für die Kulturheroen der Ost-Tukano (sc. denen die Yahuna angehören, d. V.) konnten wir jeweils Argumente anführen, daß sie fremder Herkunft sind. So zeigen sich auch die mythischen ‚Juruparí'-Gestalten, die am reinsten den Charakter des Buschgeistes erhalten haben, bei Tukanostämmen. In der Rolle des Kulturstifters erkannten wir hingegen am Tukano-Stamm der Uanana das höchste Wesen." 2 W. STÖHR: Lexikon der Völker und Kulturen, Braunschweig 1972; Neudruck: Hamburg (rororo 6158) 1972, 3 Bde., I 34-35; III 123-124. J. H. STEWARD: Western Tucanoan Tribes, in: Handbook, s. o. Anm. 1, Bd. III 737-748; I. GOLDMAN: A.a.O., III 769-773. – Vgl. bes. K. SAPPER: Geographie und Geschichte der indianischen Landwirtschaft, Ibero-Amerikanische Studien, Bd. 1, Hamburg 1936. Vgl. vor allem O. ZERRIES: Entstehung oder Erwerb der Kulturpflanzen und Beginn des Bodenbaues im Mythos der Indianer Südamerikas, in: Paideuma, hrsg. vom Frobenius-Institut, Bd. XV, Wiesbaden 1969, 64-124, der sehr stark die mythische „Himmelsherkunft der Nutzpflanzen" im Glauben der Indios betont (S. 100). In der Vorstellung der Tukano brachten weibliche Himmelswesen den Maniok zur Erde (S. 106). Generell gilt: „Eine aktive Rolle beim Erwerb der Nutzpflanzen spielen Kinder vor allem dann, wenn es sich um kindliche Erscheinungsformen von Kulturheroen handelt (S. 110). Daneben aber steht das Motiv von dem freiwilligen oder unfreiwilligen Opfer zum Wohle der Menschheit, das der Bringer der Kulturpflanzen erleiden mußte. „Das . . . wichtigste Charakteristikum der Selbstopferung ist mit dem Hainuwele Motiv identisch" (S. 111). Siehe unten 3 d., Anm. 6; 3 c, Anm. 7. 3 F. TRUPP: Die letzten Indianer, Itter 1981, 85-86; vgl. I. GOLDMAN: a. a. O., III 772 f. – W. SAAKE: Der Maniok bei den Urwaldstämmen Südamerikas, Freiburg (Schweiz) 1950. Vgl. DERS.: Aus der Überlieferung der Baniwa, in: Staden Jahrbuch, Bd. VI, São Paulo 1958, S. 83-91, der (S. 87 f.) *Kari*, den Kulturheros der Aruaks, als Bringer des Maniok schildert. 4 F. TRUPP: Die letzten Indianer, 86. Zum Fischfang vgl. auch I. GOLDMAN: a. a. O., III 771-772. 5 F. TRUPP: A.a.O., 85 6 A.a.O., 85 7 TH. KOCH-GRÜNBERG: Zwei Jahre unter den Indianern. Reisen in Nordwest-Brasilien 1903-1905, 2 Bde, Berlin 1909-1910; DERS.: Die Makú. Mit fünf Abbildungen nach Aufnahmen des Verfassers, Anthropos, 1. Bd., 1906, S. 877-906; DERS.: Die Indianerstämme am Oberen Rio Negro und Yapurá, Zeit. Ethnol. Bd. 28, 1906, S. 166-205; DERS.: Zwei Jahre bei den Indianern Nordwest-Brasiliens, Stuttgart 1923. 8 J. A. MASON: The languages of South American Indians, in: J. H. Steward (Ed.): Handbook, s. o. Anm. 1 Bd. VI 157-317, S. 258 meint noch 1963: „There may be 10 000 speakers of the Tukano languages today." Er charakterisiert ihre Sprachen als stark konsonantisch, undeutlich in der Aussprache, nasal geprägt, mit ungewöhnlichen Phonemen. (S. 258) Die Yahuna zählen zu den östlichen Tukano und bilden die Unterstämme der Opaina (Tanimboca) und Datuana. (S. 259-260) Zur Sprache vgl. A. GIACONE: Pequena Gramatica e Dicinario da Lingua Tucana, in: DERS.: Os Tucanos e outras tribus do Rio Uaupés afluente de Negro-Amazonas, São Paulo 1949, 141-190. – Zum Niedergang der Indios schreibt CH. DERRICK: Die Erschließung Amazoniens, in: E. E. Evans – Pritchard (Hrsg.): Peoples of the World, vol. 6-7; dt.: Bild der Völker in 10 Bden., Bd. 5, 1. Teil, Wiesbaden 1974, S. 56: „. . . die Indianer gehen immer schneller ihrem Untergang entgegen, und der weiße Mann ist eindeutig dafür verantwortlich zu machen. Als er erstmals in das Gebiet kam, das heute Bra-

silien ist, gab es dort etwa drei Millionen Indianer, im Jahre 1964 waren es ungefähr 200 000; heute (1974, d. V.) gibt es nur noch halb soviel. – Kulturgeschichtlich muß gelten, was O. ZERRIES: Die kulturgeschichtliche Bedeutung einiger Mythen aus Südamerika über den Ursprung der Pflanzen, in: Zeitschrift für Ethnologie, Bd. 77, 1952, 62-82, S. 79 meint, indem er auf den Zusammenhang zwischen der Jagd und dem Sammeln der Baumfrüchte hinweist: „Es ist denkbar, daß der Mensch gerade in der pflanzenreichen Umwelt Amazoniens bereits vor Einführung des Feldbaues ein geistiges Verhältnis zur Pflanze besaß." „Südamerika ist vermutlich als letzter Erdteil vom Menschen besiedelt worden . . . und erweist sich demnach, kulturgeschichtlich gesehen, als der jüngste der Kontinente. Die einzelnen Kulturepochen drängen sich hier auf einen kürzeren Zeitraum als anderswo zusammen, was die Ausbildung von Mischformen begünstigt . . . So ist es möglich, daß gerade die im Prinzip homogene Einheit der Kultur des tropischen Waldlandes in Südamerika einen Entwicklungszustand widerspiegelt, in dem die beiden sonst getrennten Schichten des Wildbeuter- und Pflanzertums sich in einem geistigen Übergang befinden." Europa und Amazonien sind demnach durch ca. 8000 Jahre getrennt.

9 F. TRUPP: Die letzten Indianer, s. o. Anm. 3, S. 119; vgl. bes. I. GOLDMAN: Tribes of the Uaupes-Caqueta Region, s. o. Anm. 1, Bd. III 763-798, S. 773-776. Vgl. bes. F. TRUPP: Mythen der Makuna, Wien 1977, 90-96: Die Maloka: Wohnform und Repräsentation des Kosmos, der (S. 96) auf die Bedeutung der Hintertür hinweist, „die mit dem *usituti* assoziiert wird. Hier lagen Ursprung und Anfang aller Dinge, hier befand sich auch das *masá riaga*, aus dem alle Menschen kommen. Es ist vielleicht interessant, daß diese strukturell wichtige Stelle mit den Frauen in Verbindung gebracht wird, da die Hintertür nur von diesen benützt werden darf."

10 P. RIVIÈRE: Zusammenfassende Übersicht. Die Völker des südamerikanischen Tieflandes, in: E. Evans – Pritchard (Ed.): Peoples of the world, vol. 6, 1974; dt.: Bild der Völker. Die Brockhaus Völkerkunde in 10 Bden., Wiesbaden, Bd. 5: Südamerika östlich der Anden. Die Andenländer, übers. v. M. Auer u. V. Matyssek, S. 12-13; 254-269; S. 267. U. BÖDIGER: Die Religion der Tukano, s. o. Anm. 1, S. 189 meint: „Um bei den Tukano-Stämmen die Kultur oder

einen Kulturaspekt darzustellen, bieten sich als Einteilungsprinzip topographische Gesichtspunkte an; denn die zur Sprachfamilie der Tukano gehörenden Stämme sind durch einen von Uitoto und Karaiben gebildeten Bevölkerungsblock voneinander getrennt. Zwischen den beiden so gebildeten Gruppen, der Ost-Gruppe im Becken westlich des Rio Negro und seiner rechten Nebenflüsse einerseits und der West-Gruppe östlich der Hänge der Montaña im Gebiet der Flüsse Napo, Aguarico und Putumayo andererseits besteht keinerlei Kontakt." Entsprechend groß sind die Unterschiede. „Bei der Besprechung der Mythologie der West-Tukano fiel der Mangel an Entstehungs- und Gestaltungsmythen auf." Stattdessen finden sich bei den West-Tukano „illustrierende Mythen", in denen als Handlungsträger „die Geister, vor allem die Herren der Tierarten, die Erzeuger, Schützer und spirituelle ‚Heimat' der Tiere sind", bevorzugt auftreten. Dem gegenüber scheinen bei den Ost-Tukano die Züge einer Geisterreligion durch eine Kulturheroenreligion überlagert worden zu sein (S. 191).

11 F. TRUPP: Die letzten Indianer, s. o. Anm. 3, S. 114.

12 A.a.O. Zu der symbolischen Bedeutung von Haus und Höhle als Mutterschoß vgl. E. DREWERMANN: Strukturen des Bösen. Die jahwistische Urgeschichte in exegetischer, psychoanalytischer und philosophischer Sicht, 3 Bde., Paderborn 1977-78, 2. Bd., S. 304-307; vgl. O. RANK: Das Trauma der Geburt und seine Bedeutung für die Psychoanalyse, Leipzig – Wien – Zürich 1924, 85 f.

13 F. TRUPP: Die letzten Indianer, s. o. Anm. 3, S. 125.

14 A.a.O., 125. – Die Zweiteilung der Maloka spielt vor allem beim Totenfest eine Rolle, das selber in zwei Teile zerfällt: den ersten Teil bildet der Auftritt der sakralen Musikinstrumente, bei dem den Frauen der Aufenthalt untersagt ist, dann das Maskenfest. I. GOLDMANN: Tribes of the Uaupes-Caqueta Region, s. o. Anm. 9, III 795. – Wenn man für die Art der Dorfgemeinschaften der Tukano einen europäischen Vergleich sucht, so muß man ihn in der Siedlungsgeschichte vor 7-8000 Jahren suchen, als aus dem Vorderen Orient die ersten Bauern im Donaubogen vordrangen. Damals im 6. Jtsd. v. Chr., baute man Holzhäuser von 6 x 25 Meter Grundfläche, um einer Familie von 6-10 Personen Platz zu geben; allein zum Fällen und Aufrichten der

62 Eichenstämme für einen mittelgroßen Bau brauchte man ca. 2500 Arbeitsstunden. Ein Dorf bestand aus 4-6 Häusern nebst den Ackerflächen und Gärten, die man in den Urwald geschlagen hatte. Alle Häuser der linienbandkeramischen Kultur waren von NW nach SO ausgerichtet. S. RIECKHOFF: Faszination Archäologie, Regensburg 1990, 142.

15 W. KRICKEBERG: Altmexikanische Kulturen, Berlin 1975, 200. – Der „Jaguar" gilt im Glauben der *Cubeo* als Verkörperung der Schamanen. Um sich vor seiner Bedrohung zu schützen, bemalen die Frauen, bevor sie in ihre Maniok-Gärten gehen, ihre Gesichter mit roter Farbe. Vgl. I. GOLDMAN: Cosmological Beliefs of the Cubeo Indians, in: Journal of American Folklore, vol. 53, p. 242-247, New York 1940, S. 245.

16 F. TRUPP: Die letzten Indianer, s. o. Anm. 3, S. 125.

17 A.a.O. – Vgl. bes. G. REICHEL – DOLMATOFF: Amazonian Cosmos. The Sexual and Religious Symbolism of the Tukano Indians, Chicago–London 1971, 104-110, der die Maloka wesentlich als (weiblichen) Regenerationsraum betrachtet, indem (S. 208) der Herd den Mutterschoß repräsentiert und ein Zeichen dafür ist, wie die Menschheit geboren wurde, denn die gelben Flammen symbolisieren die befruchtende Kraft der Sonne und die roten Flammen die Fruchtbarkeit der Natur. Die Gefäße und Teller repräsentieren die Schöpfung. Der Herd ist somit ein Instrument kosmischer Transformation, ein Schmelztiegel. Die Topf-Ständer, die man ins Feuer setzt, sind ein „Kontakt", d. h. sie verbinden die kosmischen Stufen, aber außerdem symbolisieren sie Sexualorgane, sei es der Penis (zylindrische oder längliche Form) oder die Vagina (röhrenähnliche Hohlform). – Zu der Vorstellung von der „dreischichtigen" Welt und der Erde als Teil eines eingestürzten Urzeithimmels vgl. O. ZERRIES – M. SCHUSTER: Mahekodotedi. Monographie eines Dorfes der Waika-Indianer (Yanoama) am Oberen Orinoco (Venezuela), Frankfurt 1974, 61-63.

18 F. TRUPP: Die letzten Indianer, Itter 1981, 128-128

19 A.a.O.

20 Vgl. M. ELIADE: Das Heilige und das Profane. Vom Wesen des Religiösen, Hamburg (rde 31) 1957, übers. aus dem Franz., 13-39, der in dem „Erlebnis des heiligen Raumes" (38) eine „Wiederholung der Kosmogonie" und damit

eine „Nachahmung des Werks der Götter" (39) erblickt.

21 Vgl. E. Brunner-Traut: Frühformen des Erkennens am Beispiel Altägyptens, Darmstadt 1990, S. 98-113; sie unterscheidet in einer sehr glücklichen Bezeichnung zwischen *aspektivischer* und *perspektivischer* Geschichtsauffassung. Sie schreibt: „Mythische Geschichten sind immerwährend präsent, in Vergangenheit, Gegenwart und Zukunft. Dieser Geschichtsvorstellung fehlt gewissermaßen – für uns paradoxerweise – der Begriff der Zeit . . . Der Betrachter steht jeweils im Binnenraum seiner Gegenwart." (104) „Es besteht ein Verhältnis zur Vergangenheit, und zwar in dem Sinne, daß sich die Gegenwart an der Vergangenheit als dem ebenso erstrebenswerten wie wiederholbaren Vorbild orientiert, aber die Vergangenheit wirkt lediglich wie ein fruchtbarer Nährboden in die Gegenwart hinein." Es war demgegenüber die Leistung *Israels*, die „dem Mythos verhafteten Vorgänge zu historischen Gleichnissen umgeprägt" zu haben (110). Erst jetzt auch läßt sich eigentlich zwischen Heiligem und Profanem in Raum und Zeit ein wirklicher Unterschied machen. Vgl. aber M. Eliade: Mythes, rêves et mystères, Paris 1956; dt.: Mythen, Träume und Mysterien, übers. v. M. Benedikt u. M. Vereno, Salzburg 1961, 25-31, der zu Recht auf die mythische Struktur auch und besonders des christlichen Kultes hinweist.

22 F. Trupp: Die letzten Indianer, s. o. Anm. 3, S. 127-128. Vgl. I. Goldman: Tribes of Uaupes-Caqueta Region, in: Handbook, s. o. Anm. 1, Bd. III 763-798, S. 779-783.

23 C. Lévi-Strauss: Tristes Tropiques, Paris 1955; dt.: Traurige Tropen, übers. v. S. Heintz, Köln–Berlin 1970, 246.

24 A.a.O., 247-248.

25 A.a.O., 247-248.

26 Vgl. R. E. Leakey: The Making of Mankind, 1981; dt.: Die Suche nach dem Menschen. Wie wir wurden, was wir sind, übers. v. F. W. Gutbrod, Frankfurt 1981, 97-109, bes. S. 105 ff. zur Rolle der Frau in der Wildbeutergesellschaft. Vgl. auch W. Wickler – U. Seibt: Männlich-Weiblich. Ein Naturgesetz und seine Folgen, München 1983; Neudruck (erweitert) München (SP 546) 1990, 156-174; bes. S. 168: „Alle Menschen-Familien sind in sich hierarchisch geordnet; der Mann steht in der Regel im Rang über seiner Frau, beide stehen über ihren Kindern. Dieselbe Autoritäts-Abstufung gilt in der Sozietät außerhalb der Familie. – Zusätzlich spielt das relative Alter für die Autorität eine Rolle. In den meisten Kulturen heiraten Männer später als Frauen; der Altersunterschied ist um so deutlicher ausgeprägt, je stärker polygyn die Sozietät angelegt ist."

27 Vgl. J. J. Bachofen: Das Mutterrecht. Eine Untersuchung über die Gynaikokratie der alten Welt nach ihrer religiösen und rechtlichen Natur, Stuttgart 1861; Neuausgabe hrsg. v. K. Meuli (Ges. Werke, 10 Bde., Bd. 2-3) Basel 1948. Bachofens Grundthese leistet in etwa so viel wie die kommunistische Behauptung von der Gütergemeinschaft der Urhorde: sie ist ein wissenschaftlicher Mythos, der sich gut eignet, bestimmte gesellschaftspolitische Ziele ideologisch zu rechtfertigen; doch handelt es sich hier wie dort um Konstrukte, die auf die Evolution von Familie und Gesellschaft, wie sie sich ethologisch und ethnologisch rekonstruieren läßt, keine Rücksicht nimmt. Zu dem gesamten Fragenkomplex vgl. U. Wesel: Der Mythos vom Matriarchat. Über Bachofens Mutterrecht und die Stellung von Frauen in frühen Gesellschaften, 1980. Archäologisch, d. h. kulturgeschichtlich, liegt allerdings etwas historisch Wahres in den Thesen Bachofens, wenn man sie auf den Beginn des Neolithikums bezieht, das in Südosteuropa in Gestalt der „Linienbandkeramik" (5500-4900 v. Chr.) auftritt. Manches spricht dafür, daß damals die „Große Göttin" als Herrin über Leben, Tod und Wiedergeburt verehrt wurde – eine Dreifaltigkeit aus Jungfrau (Kore), Mutter (Fruchtbarkeitsgöttin) und Todesgöttin; bei den Griechen z. B. erinnert die Dreiheit von Persephone, Demeter und Hekate an diese matriarchale Trinität. Die Mythen der Göttin „erzählen immer die gleiche Geschichte vom Kreislauf der Jahreszeiten: Die Göttin wählte sich ihren Heros jährlich neu, sie befruchtete das Land durch die ‚Heilige Hochzeit' mit ihm, sie ließ ihn im Winter (beziehungsweise in der Dürreperiode) sterben und im Frühjahr wieder auferstehen." S. Rieckhoff: Faszination Archäologie, Regensburg 1990, 156. Menschenopfer und die Tötung des „Königs" scheinen zu den Riten des Kultes der Großen Göttin gehört zu haben. (a. a. O., 159). Vom späten Neolithikum, d. h. vom 4. Jtsd. an, beginnt die Suche nach Mineralien, tauchen Kampfbeile als Kultgeräte auf, beginnt der „Patriarchalismus", entbrennt der Kampf um Besitz und Macht. – Was die Milomaki-Mythe angeht, so meint U. Bödiger: Die Religion der Tukano im nord-westlichen Amazonas, Köln 1965, 107, sehr zu Recht: „In der sogenannten Amazonenepisode der Mythen kommt . . . nicht mehr und nicht weniger als eine Sanktionierung des heutigen Zustandes zum Ausdruck. Keinesfalls ist aber meines Erachtens in ihr ein Hinweis für einen faktischen sozialen Wandel zu sehen. Auch halten wir die Interpretation der Tabuierung (sc. beim Yuruparí-Fest) als ‚Mittel' zur Beherrschung der Frauen . . . insofern für mißverständlich, als darin mit Sicherheit nicht der Sinn der Institution zu sehen ist, wenn auch vielleicht dieser Aspekt tatsächlich vorhanden ist. Überhaupt wollen wir die soziale Bedeutung der geheimen Männerfeste und der Mythologie nicht abstreiten, sondern unsere Einwände galten der Überbetonung dieser Seite sowie den ‚historischen' Deutungen, zu denen uns auch die . . . Einzelheiten, in denen die Umkehrung der heutigen Verhältnisse geschildert werden, nicht berechtigen. Diese sind vielmehr als rein erzählerische Momente anzusehen, vermischt mit ätiologischen Motiven." Dies bes. gg. W. Saake: Die Juruparilegende bei den Baniwa des Rio Issana, in: Proceedings of the 32 nd. International Congress of Americanists, Copenhagen 1956 (1958), 271-279.

28 Vgl. F. Trupp: Die letzten Indianer, s. o. Anm. 3, S. 78-79; s. u. 3 h.

29 Vgl. S. Freud: Jenseits des Lustprinzips (1920), Ges. Werke, Bd. 13, London 1940, 1-69, S. 38: „Ein Trieb wäre also ein dem belebten Organischen innewohnender Drang zur Wiederherstellung eines früheren Zustandes, welchen dies Belebte unter dem Einflusse äußerer Störungskräfte aufgeben mußte, . . . die Äußerung der Trägheit im organischen Leben."

30 S. Freud: A.a.O., XIII 40: „Wenn wir es als ausnahmslose Erfahrung annehmen dürfen, daß alles Lebende aus inneren Gründen stirbt, ins Anorganische zurückkehrt, so können wir nur sagen: Das Ziel alles Lebens ist der Tod, und zurückgreifend: Das Leblose war früher da als das Lebende." – Zur Triebtheorie *S. Freuds* vgl. E. Drewermann: Strukturen des Bösen, s. o. Anm. 12, Bd. 2, S. 178-186.

3. Text und Deutung
a) Mythos und Logos oder: Von Wort und Musik

1 Th. Koch-Grünberg: Zwei Jahre bei den Indianern Nordwest-Brasiliens, Stuttgart 1923, 386 f.; F. Karlinger – G. de Freitas (Hrsg. u.

Übers.): Brasilianische Märchen, Düsseldorf – Köln 1972, 19-20: Die erste Paschiuba-Palme. Vgl. Th. Koch-Grünberg: Indianermärchen aus Südamerika, Jena ³1927, 177.

2 Vgl. E. Drewermann: Das Markus-Evangelium. 2 Bde., Olten 1987-88, 2. Bd., 412-683.

3 Vgl. E. Drewermann: Strukturen des Bösen. Die jahwistische Urgeschichte in exegetischer, psychoanalytischer und philosophischer Sicht, 3 Bde., Paderborn 1977-78, 1. Bd., S. 53-110.

4 Zu den indianischen Heroen als Gottessöhnen vgl. R. H. Lowie: The tropical forest tribes. An Introduction, in: J. H. Steward (Ed.): Handbook of South American Indians, 7 Vols., III. vol., New York 1963, p. 1-56, p. 46-47; Th. Koch-Grünberg: Zwei Jahre bei den Indianern Nordwest-Brasiliens, Stuttgart 1923, 386 f. – Der biblische Begriff des *Gottessohnes* verdankt sich starken *altägyptischen* Einflüssen, die über das alte Israel (vgl. Ps 2; 110) in die Messias-Theologie des Neuen Testamentes Einfluß genommen haben. Vgl. E. Drewermann: Dein Name ist wie der Geschmack des Lebens. Tiefenpsychologische Deutung der Kindheitsgeschichte nach dem Lukasevangelium, Freiburg 1986, 32-66.

5 Th. Koch-Grünberg: Indianermärchen aus Südamerika, Jena ³1927, 327 meint zur Erklärung der Mythe: „Die Entstehung der über einen großen Teil des nördlichen Südamerika verbreiteten Mysterien des Sonnenheros wird durch eine kurze Erzählung erklärt. Der Held ist der Erzeuger des Wachstums und trägt einen ausgeprägt solaren Charakter. Er ist die Sonne selbst. Er kommt von Osten aus dem großen ‚Wasserhaus‘, wandert über die Erde und geht im Feuer gen Himmel. Die Verbrennung des Heros durch die Menschen wegen seiner magischen Eigenschaften ist ein vielen Mythen gemeinsamer Zug, der auch sonst in Amerika vorkommt. – Hervorzuheben ist der Hinweis auf das Meer, der sich in den Sagen vieler Inlandsstämme findet und auf Wanderungen dieser Stämme oder der betreffenden Sagen schließen läßt.“

6 Zur Struktur des Märchens vgl. E. Drewermann: Tiefenpsychologie und Exegese, 2 Bde., Olten 1984-85, Bd. 1, 132-154; 393-413.

7 Vgl. U. Mann: Theogonische Tage. Die Entwicklungsphasen des Gottesbewußtseins in der altorientalischen und biblischen Religion, Stuttgart 1970, 79-81 zu Kult, Mythos und Symbol.

8 Vgl. S. K. Langer: Philosophy in a New Key, Cambridge (Mass.) 1942; dt.: Philosophie auf neuem Wege. Das Symbol im Denken, im Ritus und in der Kunst, übers. v. A. Löwith, Frankfurt 1965, 123-124, die vor allem den Fall „Victors“, des Wilden von Aveyron, zitiert, um die utilitaristische Sprachtheorie zu widerlegen. Vgl. E. M. Itard: The Savage of Aveyron, engl. 1802.

9 S. K. Langer: A.a.O., 130-131.

10 A.a.O., 131.

11 A.a.O., 131-132.

12 A.a.O., 132; Jespersen: Language, its Nature, Development and Origin (1922), p. 420.

13 S. K. Langer: A.a.O., 133-134. J. Donovan: The Festal Origin of Human Speech, Mind 1891-92, Bd. XVI, 498-506; Bd. XVII 325-339.

14 S. K. Langer: A.a.O., 135 f. – Zur Entstehung der Sprache vgl. auch A. Leroi-Gourhan: La geste et la parole, 2 Bde., Paris 1964-65; dt.: Hand und Wort. Die Evolution von Technik, Sprache und Kunst, übers. v. M. Bischoff, Frankfurt 1980, 115-119; 147-153.

15 Vgl. M. Buber: Moses (1948), in: Werke, 3 Bde., München – Heidelberg 1964, 9-230, S. 59-61.

16 N. H. Kleinbaum: Dead Poets Society; dt.: Der Club der toten Dichter, übers. v. E. Reineke, Bergisch-Gladbach (Bastei 11566) 1990. Bes. M. Schneider: Die historischen Grundlagen der musikalischen Symbolik, in: Die Musikforschung, 4. Jg. 1951, Heft 2-3, 113-144, weist darauf hin, daß der Satz: „Im Anfang war das Wort“ „zu dem ältesten Gedankengut der Menschheit“ gehört; „Wort“ aber müsse als etwas Überbegriffliches verstanden werden. „Die alten Ägypter nannten dieses primäre Element ein *Lachen* oder den *Schrei* des Gottes Thot.“ (114) „Das Preislied des Todes, der Schrei oder das Lachen, stellen die Urmusik dar, die den Kosmos gebärt.“ (117)

17 Vgl. K. Kerényi: Theos: „Gott“ – auf Griechisch (1968), in: Antike Religion, München – Wien (Werke VII, hrsg. v. K. Kerényi) 1971, 207-217, der *Euripides* zitiert: O Götter! Denn es ist Gott, wenn man die Lieben erkennt!“ „Gott“ in diesem Sinne ist das Aufleuchten am Himmel wie im Herzen des Menschen.

18 J. von Eichendorff: Ausgewählte Werke, 2 Bde., hrsg. v. P. Stapf, Wiesbaden o. J., I 112.

19 Vgl. T. C. Mc Luhan: Touch the Earth, 1971; dt.: ... wie der Hauch eines Büffels im Winter. Indianische Selbstzeugnisse, übers. v. E. Schnack, Hamburg 1979, S. 29; vgl. E. Drewermann: Der tödliche Fortschritt. Von der Zerstörung der Erde und des Menschen im Erbe des Christentums, Regensburg, 6. erw. Aufl. 1990, S. 108-109.

20 Zur Gestalt des Orpheus vgl. K. Kerényi: Pythagoras und Orpheus (1934-37), in: Humanistische Seelenforschung, München – Wien (Werke I) 1966, S. 15-51; E. Drewermann: Tiefenpsychologie und Exegese, s. o. Anm. 6, 2. Bd., 169-174.

21 Zum Einfluß der Mysterienreligionen auf die frühe Kirche vgl. F. Cumont: Die orientalischen Religionen im römischen Heidentum, dt. Ausg. v. G. Gehrich, 2. verb. u. verm. Aufl., Leipzig – Berlin 1914, bes. S. 81; 86; 87; 155.

22 I. Nicholson: Mexican and Central American Mythology, London 1967; dt.: Mexikanische Mythologie, übers. v. U. Buhle, Wiesbaden 1967, 32-37.

b) Die Tragik der Bewußtwerdung im Geist der Musik

1 Man muß an dieser Stelle sich sehr davor hüten, das Rätel um den Tod der Männer am Abend des Tages, da sie zum ersten Mal *Milomakis* Gesang vernahmen, aus Zusammenhängen „erklären“ zu wollen, die in dem Mythos der Yahuna gerade nicht erwähnt werden, sondern die man aus anderen verwandt erscheinenden Überlieferungen eintragen müßte. Solche „Begründungen“ sind zum einen in den *Initiationsriten* zu suchen: eine *Cubeo*-Mythe z. B. erzählt, wie *Kómi*, ein kleiner, dicker Mann, plötzlich „bei einem Fest (erscheint) und verschlingt zwei Knaben. Er wird deshalb von den Menschen verbrannt und aus seiner Asche werden Krankheitsgifte. In einer Mythe der Tariana verschlingt der ‚Zauberer‘, in dem wir Ualrí zu sehen haben, Knaben, die das von ihm erlassene Fastgebot nicht hielten. Der ‚Juruparí-Kuai‘ der Baniwa ging mit drei Knaben in den Wald, um Früchte für ein Fest zu suchen, von denen diese aber nicht essen durften. Sie finden Fische und rösteten sie. ‚Juruparí‘, der davon wußte, schickte Regen und Wind, worauf die Knaben Schutz in einem großen Loch suchten, das sich vor ihnen auftat. Dieses Loch aber war nichts anderes als der Mund des ‚Juruparí‘.“ U. Bödiger: Die Religion der Tukano im nordwestlichen Amazonas, Köln 1965, 100. „In allen hier angeführten Beispielen, mit Ausnahme der Yahuna-Mythe und der nur in sehr knapper Form überlieferten Cubeo-Mythe, werden Knaben, die Früchte im Busch suchen, von einem mythischen Wesen verschlungen. Da es sich bei den Uaupés, den Tariana, den Baniwa und den Tukano ausdrücklich um Knaben han-

delt, andererseits die Expedition zum Sammeln von Früchten bei einigen Stämmen des nordwestlichen Amazonas bei der Knabeninitiation berichtet ist, liegt es nahe, das Verschlingungsmotiv ebenfalls mit der Knabeninitiation in Verbindung zu bringen, wie es in vielen Gebieten der Erde anzutreffen ist." – Tatsächlich hat in vielen Initiationsriten die „Verschlingung" die Aufgabe, die Gefahr eines Versinkens im Unbewußten, eines Aufgehens in den regressiven Tendenzen aufzuzeigen, und es läßt sich nicht leugnen, daß solche Momente, wie wir noch sehen werden, auch in der Milomaki-Mythe eine Rolle spielen, indem besonders die Tabuisierung der Flöten vor den Frauen das Ziel hat, die „Inzestgefahr", den Rückfall in die „Natur" zu bannen. Eindeutig aber „tötet" in der Yahuna-Mythe *Milomaki* nicht durch Verschlingen, sondern durch seine Musik, und es sind nicht die Knaben, sondern die Männer, die ihm zum Opfer fallen – weil sie von den Fischen gegessen haben. Hierin möchte nun U. BÖDIGER (a. a. O., 138) nicht nur eine Parallele zum Verschlingungsmotiv sehen, sondern zugleich eine Strafe für ein verbotenes Essen, – ein Motiv, das an die biblische Sündenfallerzählung gemahnt (Gen 3,1-7). So berichten die Tariana von einem Baum der Empfängnis, dem Uakú-Baum, dessen Früchte gern gegessen werden. „Mit ihm sind auch der ‚Jurupari' des Uaupés und der ‚Zauberer' oder Ualri der . . . Tariana-Mythen verbunden, da den Früchte suchenden Knaben von den mythischen Wesen verboten wurde, von seinen Früchten zu essen. Das Durchbrechen dieses Verbotes hatte ein Verschlungenwerden zur Folge. In diesem Fastgebot haben wir offensichtlich die mythische Sanktionierung der heutigen Fasten zu sehen." (161-162) Nun berichtet aber der Yahuna-Mythos von einem Speiseverbot kein Wort, und wir werden nachher noch sehen, daß es wohl im Zusammenhang mit dem Fest Milomakis in der Vorbereitungszeit eine Art kultischen Vegetarismus gibt, doch bezieht die „Initiation" sich hier offenbar auf das Geheimnis des Lebens und des Todes, nicht auf Knaben, die Männer werden. – Zur Gestalt des *Dionysos* vgl. K. KERÉNYI: Dionysos. Urbild des unzerstörbaren Lebens (Werke VIII), Wien – München 1976. Eine im Grunde falsche Alternative stellte R. KARSTEN: The Civilization of the South American Indians. With Special Reference to Magic and Religion, London 1926, 309-310, auf, wenn er von der Milomaki-Mythe meinte: „Diese My-

the ist nicht, wie ein starkes Gefühl zu denken geneigt ist, bloß eine Hymne auf Gesang und Musik, sondern besitzt eine tiefere Bedeutung: sie ist ein einfacher Versuch, die übernatürliche oder magische Kraft zu erklären, die den Paxiuba-Flöten zugeschrieben wird . . .: es existiert ein menschlicher Geist oder die Kraft dieses Geistes in den Flöten; es existieren gleichfalls menschliche Geister – Seelen dahingeschiedener Indianer – in den Bäumen oder Pflanzen, die durch das Flötenspiel beeinflußt werden." Wohl ist es richtig, daß der Klang der Flöte als die (menschliche!) Stimme Milomakis verstanden wird, aber es ist der Erfahrungsraum der Musik, innerhalb dessen das Rätsel gelöst wird, was im Tode mit einem Menschen geschieht.

2 Vgl. dazu J. G. FRAZER: The Golden Bough, 3 Bde., London 1890; 3. Aufl.: 10 Bde., London 1911-1935; Nachtrag 1936; abgek. Ausg. 1922; danach dt.: Der goldene Zweig. Das Geheimnis von Glauben und Sitten der Völker, übers. v. H. v. Bauer, Leipzig 1928, 528-556 (Osiris); 562-572 (Dionysos); 572-581 (Demeter und Persephone); 581-600 (Kornmutter und Kornmädchen im nördlichen Europa); 600-617 (in verschiedenen Ländern); 697-710 (Adonis-Attis).

3 F. NIETZSCHE: Die Geburt der Tragödie aus dem Geist der Musik (1872). Versuch einer Selbstkritik (1886); Stuttgart (reclam 7131-32) 1952, 23.

4 A.a.O., 23-24

5 A.a.O., 15.

6 A.a.O., 66.

7 A.a.O., 68.

8 A.a.O., 107

9 A.a.O., 107.

10 A.a.O., 107.

11 A.a.O., 108-109.

12 Ganz im Geiste Nietzsches und doch im Grunde von genau entgegengesetztem Ende her schreibt E. M. CIORAN: Cartea amăgirilor, Bukarest 1936; dt.: Das Buch der Täuschungen, übers. v. F. Leopold, Frankfurt (sv 1046) 1990, 39: „Es ist äußerst peinlich, musikalische Momente mit Distanz zur Musik zu erleben. Es ist zutiefst peinlich, objektiv zu sein, wenn man der Musik lauscht. Dein Wesen schwingt sich in einem Taumel auf, fühlt nicht, daß es brüllen, weinen oder dahinschmelzen müßte, es hat nicht an einem Rhythmus allgemeiner Raserei teil und schwelgt nicht in berauschendem Wogenschlag. Der Abstand zur Musik hindert dich daran, dich innerlich zu verwirklichen, zu wachsen, sich auszu-

dehnen und zu bersten. Welch ein Glück, daß diese Augenblicke so selten sind! Die Musik löst uns als materielle Wesenheiten auf und erhebt uns in die Lüfte. Jeder musikalische Augenblick hat nur Wert, sofern er das Bewußtsein der Begrenzung im Raume sprengt und das Gefühl des Daseins in der Zeit zersetzt." S. 40: „Wenn wir . . . musikalische Zustände in Augenblicken der Depression erfahren, dann nur, weil diese durch Klänge entmaterialisiert werden: es ist eine vollkommene Verklärung, welche die innerlichste Trübsal schwingen und ihre schwerfällige, lastende Körperlichkeit entschweben läßt . . . In der Musik verwandelt sich die Leere in Fülle, die lediglich schwingende Leere sein kann. Alle Seelenzustände werden im musikalischen Erleben umgekrempelt . . ." „Nur jene lieben die Musik, die am Leben leiden." S. 41: „Der metaphysische Wahnsinn der musikalischen Erfahrung wächst, je mehr du im Leben verloren und gelitten hast, denn dadurch hast du vollständig in eine andere Welt eindringen können. Je mehr du dich in musikalische Erlebnis vertiefst, desto mehr erweiterst du das ursprüngliche Unbefriedigtsein und verschärfst das Urdrama, das dich bewog, die Klanggewalt zu lieben. Wenn die Musik Wirkung einer Krankheit ist, dann fördert sie nur noch deren Fortschreiten . . . Viel mehr als die Poesie schwächt die Musik den Lebenswillen und die vitalen Triebkräfte." Im Gegensatz zu NIETZSCHE entsteht nach CIORAN die Musik aus der Tragik des Lebens, nicht umgekehrt; und doch bilden auch für ihn Bewußtwerdung, Tragik und Musik eine unauflösliche Einheit, nur in gegenläufiger Reihenfolge.

c) Zu sterben als ein sich vollendender Gesang

1 Zur Symbolik des *Fisches* vgl. E. DREWERMANN – I. NEUHAUS: Die Kristallkugel, Olten 1985, 27-28; E. DREWERMANN: Ich steige hinab in die Barke der Sonne. Meditationen zu Tod und Auferstehung. Altägyptische Meditationen in bezug auf Joh 20; 21, Olten 1989, 127-129 (Osiris als Fisch); vgl. auch C. G. JUNG: Aion. Beiträge zur Symbolik des Selbst, Werke, IX 2, Olten 1976, 81-185, zur Bedeutung des Fisch-Symbols in der Alchemie. – U. BÖDIGER: Die Religion der Tukano im nordwestlichen Amazonas, Köln 1965, 76 erzählt eine Tukano-Mythe, wie die Mutter des Jurupari ein Mädchen war, „das kein Geschlechtsteil hatte. Die Payés (sc. die Schama-

nen, d. V.), deshalb erstaunt und beunruhigt, versammelten sich um sie, rauchten Tabak und tranken Kaschiri und Coca. Dann zogen sie sich zurück und ließen das Mädchen allein. Dieses aber trank so viel Kaschiri, daß sich ihr Leib füllte und sie schwanger wurde. Sie konnte aber erst gebären, als ein Fisch, und zwar der ‚tarire‘, ihr eine Körperöffnung beigebracht hatte." Psychoanalytisch gesehen, ist der „Fisch", der die Geburt ermöglicht, natürlich ein phallisches Symbol. Das Essen der „Fische" bedeutet also: Teilhabe am Geheimnis der Fruchtbarkeit, des Stirb und Werde der Natur. – Übrigens gelten die Fische der kleinen Flüsse, „in denen die heiligen Flöten aufbewahrt werden, als schädlich für die Fruchtbarkeit der Frauen." (138)

2 C. Lévi-Strauss: Tristes Tropiques, Paris 1955; dt.: Traurige Tropen, übers. v. S. Heintz, Köln – Berlin 1970, 184.

3 A.a.O., 184 (der Arara ist ein Langschwanzpapagei).

4 E. Haeckel: Generelle Morphologie der Organismen, 2 Bde, Berlin 1866.

5 Vgl. E. Drewermann: Ich steige hinab in die Barke der Sonne, s. o. Anm. 1, S. 80-119, zum Beispiel der Jenseitsvorstellungen des Alten Ägyptens.

6 C. Lévi-Strauss: Traurige Tropen, s. o. Anm. 3, 183-184.

7 Vgl. Ch. Derrick: Die Erschließung Amazoniens, in: E. E. Evans-Pritchard (Hrsg.): Peoples of the World, vol. 6: Amazonia, Orinoco and Pampas; vol. 7: Andes; dt.: Bild der Völker. Die Brockhaus Völkerkunde in 10 Bden., Bd. 5; 1. Teil: Südamerika östlich der Anden; 2. Teil: Die Andenländer, übers. v. M. Auer u. V. Matyssek, Wiesbaden 1974, 56-63, S. 62: „Es ist ein Naturtrieb, so wenig wie möglich zu arbeiten. Die Arbeit, die sie (sc. die Indios, d. V.) verrichten, ist zwischen den Geschlechtern aufgeteilt. Alles, was mit dem Wasser verbunden ist – Wasserholen aus dem Fluß und darin Fische zu kochen beispielsweise –, ist Frauenarbeit. Aber Fische zu räuchern und Holz dafür zu sammeln, ist Männerarbeit, genau wie alles, was mit dem Urwald, mit Tieren, mit der Jagd und dem Fischfang und dem Bau von Hütten zusammenhängt." Vgl. K. A. Nowotny: Amerika, in: H. A. Bernatzik (Hrsg.): Neue Große Völkerkunde, Einsiedeln 1974, 699-894, S. 853 zu den Techniken des Fischfangs; die Ursache für den Tod Milomakis bzw. seine Schuld sieht U. Bödiger: Die Religion der Tukano im nordwestlichen

Amazonas, Köln 1965, 98-99; 102 darin, daß der „Juruparí" als Buschgeist die Geheimnisse der Männer den Frauen verriet oder daß er infolge seiner gesteigerten Sexualität die Frauen verführt oder daß er Knaben durch Verschlingen getötet hat: für diese Hypothesen führt sie entsprechende Parallelerzählungen an. Die Mythe der Yahuna aber schildert gerade keine Schuld Milomakis. Es ist der Tod, der aus seiner Musik erwächst, der die Männer bestimmt, den Unschuldigen zu töten. Erst wenn man die Geschichte von Milomaki so nimmt, wie sie ist, beginnt sie, zu „singen". – Zu dem Motiv der gesteigerten Sexualität der Buschgeister und der Anomalie ihrer Geschlechtsteile vgl. O. Zerries: Wild- und Buschgeister in Südamerika, Wiesbaden 1954, 270-276. Entscheidend an der Gestalt Milomakis ist gerade die Doppelheit zwischen Buschgeist und Kulturheros. Nur wer in ihm den Kontrast und die Einheit von Natur und Kultur wahrnimmt, versteht, was die Mythe zu sagen hat. – Zur indianischen Vorstellung der Pflanzengeister vgl. auch R. Karsten: The Civilization of the South American Indians. With Special Reference to Magic and Religion, London 1926, 299-328, der (308-310) auch auf die Milomaki-Mythe eingeht, aber in Milomaki am Ende doch nur eine Art Fruchtbarkeitszauber repräsentiert findet: „Die Flöten bewirken das Wachstum bestimmter nützlicher Früchte durch die Beschwörung der Geister, von denen man glaubt, daß sie diese Früchte beseelen."

8 Zur Identifikation mit dem Angreifer: A. Freud: Das Ich und die Abwehrmechanismen (1936), München (Kindler 2001) o. J., 85-94.

9 Vgl. S. Freud: Warum Krieg? (1932), Ges. Werke XVI, London 1950, 11-27, S. 22.

10 Platon: Phaidon 118a.

11 Vgl. K. Kerényi: Der göttliche Arzt. Studien über Asklepios und seine Kultstätten, Darmstadt 1956, 67.

12 Vgl. E. Drewermann: Das Markus-Evangelium, 2 Bde., Olten 1988, II 494.

13 Vgl. L. Ruppert: Jesus als der leidende Gerechte? Der Weg im Lichte eines alt- und zwischentestamentlichen Motivs (SBS 59), Stuttgart 1972.

14 Vgl. E. Drewermann: Das Markus-Evangelium, s. o. Anm. 12, II 622; vgl. S. 389.

15 Vgl. A. Camus: Le Mythe de Sisyphe, 1943; dt.: Der Mythos von Sisyphos. Ein Versuch über das Absurde, Düsseldorf 1950; Neudruck: Hamburg (rde 90) 1959, 18-19.

16 A. Camus: L'Homme révolté, Paris 1953; dt.: Der Mensch in der Revolte, übers. v. J. Streller, neubearb. v. G. Schlocker, Hamburg 1953, 325-330: Jenseits des Nihilismus.

17 A. Camus: L'envers et l'endroit; dt.: Licht und Schatten, übers. v. G. G. Meister, Zürich; in: Literarische Essays, Hamburg 1959, 8-74.

18 A. Camus: L'été; dt.: Heimkehr nach Tipasa, übers. v. M. Lang, in: Literarische Essays, Hamburg 1959, 124-203.

19 A. Camus: Heimkehr nach Tipasa, a. a. O., 165-171: Helenas Exil (1948).

20 A.a.O., 168.

21 A. Camus: Der Mensch in der Revolte, s. o. Anm. 16, 320-324.

22 Vgl. E. M. Cioran: Cartea amagirilor, Bukarest 1936; dt.: Das Buch der Täuschungen, übers. v. F. Leopold, Frankfurt (sv 1046) 1990, 41-42, der meint: „Ich empfehle die Musik von Mozart und Bach als Heilmittel gegen die Verzweiflung. In ihrer luftigen Lauterkeit, die zuweilen hehren, schwermütigen Ernst erreicht, fühlst du dich leicht, diaphan und engelhaft. Dann hast du den Eindruck, daß dir untröstlichem Lebewesen Flügel wachsen, welche dich zu heiterem Flug emporschwingen, mit verschwiegenem und verschleiertem Lächeln, mit Ewigkeiten von ätherischem Reiz und hauchzarten und zärtlichen Transparenten. Dir ist, als ob du dich in einer Welt von transzendenten und paradiesischen Resonanzen entfalten würdest. In jedem Menschen gibt es etwas Engelhaftes als Potenz, selbst wenn es lediglich die Sehnsucht nach einer derartigen Lauterkeit und das Streben nach von Heiterkeit durchtränkter Allzeit wäre. Die Musik erweckt die Reue, daß wir nicht sind, was wir sein müßten, und ihr Zauber entzückt uns einen Lidschlag lang, indem er uns in unsere ideale Welt versetzt, in der wir hätten leben sollen. Nach den tobenden Zwiespaltungen des Wesens ergreift dich das Verlangen nach engelgleicher Lauterkeit, in der du in einem Traum von Transzendenz und Heiterkeit werden könntest, weitab von der Welt, in kosmischem Fluge, schwebend, mit gen Fernen gebreiteten Schwingen..." – Zu Vivaldi vgl. H. Renner: Reclams Konzertführer, Stuttgart, 8. neu bearb. Aufl. 1967. 811-812.

23 Zur Musik F. Schuberts vgl. H. Renner: A.a.O., 192-214.

24 Zur Musik G. Mahlers vgl. a. a. O., 456-482; zur 4. Symphonie S. 467-468.

25 Zur Musik G. F. Händels vgl. a. a. O., 32-38.

26 Vgl. St. Zweig: Sternstunden der Mensch-

heit. Zwölf historische Miniaturen, Frankfurt (Fischer Tb. 595) 1964, 49-65: Georg Friedrich Händels Auferstehung. 21. August 1741. (S. 64)

27 Zu den Lehren des *Pythagoras* vgl. E. DREWERMANN: Tiefenpsychologie und Exegese, 2 Bde., Olten 1984-85, II 143-157: Pythagoras oder: Die Heilung durch die Harmonie. – Zur Musiktherapie vgl. historisch H. J. MÜLLER: Psychotherapeutische Aspekte in der Musikanschauung der Jahrtausende, in: W. J. Reves – G. Harrer – W. C. U. Simon: Neue Wege der Musiktherapie. Grundzüge einer alten und neuen Heilmethode, Düsseldorf – Wien 1974, 53-160, S. 63-77, zu Pythagoras. Zur Sache selbst vgl. *W. C. Simon*: Musik und Heilkunst, in: A.a.O., 9-16, der in der Musik zu Recht ein „psychosomatisches Medikament" erblickt.

28 Vgl. E. DREWERMANN: Ich steige hinab in die Barke der Sonne, s. o. Anm. 5, 80-95.

29 A.a.O., S. 85-90; 93-95.

30 Vgl. J. LACAN: Das Seminar von Jacques Lacan, Bd. II (1954-1955): Das Ich in der Theorie Freuds und in der Technik der Psychoanalyse, nach dem von J.-A. Miller hergestellten französischen Text, in deutscher Sprache hrsg. v. N. Haas, übers. v. H. J. Metzger, Olten 1980, 54: „. . . *das Ich als Funktion und als Symbol* . . . Das Ich als imaginäre Funktion greift in das psychische Leben nur als Symbol ein. Man bedient sich des Ich, wie der Bororo sich des Papageis bedient. Der Bororo sagt, *ich bin ein Papagei*, wir sagen, *ich bin Ich*. All das hat keinerlei Bedeutung. Die Hauptsache ist die Funktion, die das hat." – Es ist sehr die Frage, ob die Seelenvorstellung der Indios sich als eine Art funktionaler Maske verstehen läßt. Ganz im Gegenteil besitzt *Milomaki* als Kulturheros an sich die Fähigkeit, in vielen Gestalten zu erscheinen, und daß seine Seele im Tod zum Himmel auffährt, bedeutet natürlich, daß sie dort „unsterblich ist" (U. BÖDIGER: Die Religion der Tukano im nordwestlichen Brasilien, Köln 1965, 94). Der „Juruparí" des Uaupés zum Beispiel „bestimmte nach seinem Tod ‚vom Himmel aus', wohin seine Seele in der Nacht seines Todes über die Paxiuba-Palme geklettert war, die macacaraua (sc. die Masken, d. V.) als sein Symbol und die Paxiubas, wie die Flöten auch genannt wurden, zu seinen Instrumenten, denen er seine Stimme ließ." (A.a.O., 137)

31 Man betrachte z. B. die Wirkung, die das Modell des Menschen als einer Maschine auf Medizin, Psychologie, Pädagogik etc. bis heute aus-

übt; als das herrschende Modell zum Verständnis des Menschen scheint sich derzeit das Vorbild des Computers als einer intelligenten Maschine zu etablieren. Vgl. L. MUMFORD: The Myth of the Machine, 2 Bde, 1964; 1966; dt.: Mythos der Maschine. Kultur, Technik und Macht, übers. v. L. Nürenberger, Wien 1974; Frankfurt (Fischer alternativ 4001) 1977, S. 767-807: Der neue Gleichklang. Demgegenüber scheint am Beginn der Kultur der frühen Pflanzer das Vorbild der (Hack-)Früchte den Schlüssel zum Verständnis von Tod und Leben gebildet zu haben; vgl. A. E. JENSEN: Die getötete Gottheit. Weltbild einer frühen Kultur, Stuttgart – Berlin – Köln – Mainz (Urban Tb. 90) 1966, 147-149. – Religionsgeschichtlich ist es sicherlich nicht falsch, manche Formen des Unsterblichkeitsglaubens mit totemistischen Vorstellungen in Verbindung zu bringen. I. GOLDMAN: Tribes of the Uaupes Caqueta Region, in: J. H. Steward (Ed.): Handbook of South American Indians, 7 vols, New York 1963, vol. III 763-798, p. 788-789 z. B. schildert die Trauerzeremonien und erwähnt, daß man den Verstorbenen in sein Kanu zu legen pflegt, ausgerüstet mit einer Kalebasse, einem Wanderstab, einer Angelschnur sowie Pfeilen und Bogen. Das Grab des Toten wird im Haus ausgehoben, sein Geist aber macht eine Flußreise und eine kurze Wanderung über Land, und auch er ist mit allem nötigen versehen, einschließlich Tabak. Am Ende der Riten wird der Name des Toten vergessen und nicht mehr erwähnt. Vgl. DERS.: Cosmological Beliefs of the Cubeo Indians, in: Journal of American Folklore, vol. 53, p. 242-247, New York 1940, S. 243. Vgl. auch A. DA S. A. BRUZZI: Os ritos funebres entre as Uaupes, in: Anthropos 50, Freiburg 1955, S. 593-601.

32 Vgl. E. DREWERMANN: Ich steige hinab in die Barke der Sonne, s. o. Anm. 1, 80-119.

33 Zum Schmetterlingssymbol der Azteken vgl. W. KRICKEBERG: Altmexikanische Kulturen, Berlin 1975, 208; 213; 356-357; bes. 411: der Schmetterling galt auch als Bild des Morgensterns sowie als Verkörperung der Seele des toten Kriegers.

34 Das deutsche Wort *Seele* bedeutet etymologisch wohl „die aus dem See stammende, zum See gehörige." F. KLUGE: Etymologisches Wörterbuch der deutschen Sprache, Berlin – New York ²¹1975, 697. Aber auch das altgriechische *aiolos*, der Schmetterling bzw. das Flatternde, scheint mit dem deutschen Wort verwandt. – Zur Seelenvorstellung der Indios vgl. TH. KOCH-

GRÜNBERG: Vom Roroima zum Orinoco, Berlin – Stuttgart 1916-1928, Bd. III 170, der als den Glauben der Taulipang festhält, „daß jeder Mensch fünf Seelen habe. Alle diese Seelen gleichen Menschen, aber sie sind nicht körperlich, sondern wie Schatten . . . Die fünfte Seele ist die, die spricht. Sie ist die vornehmste." Nur sie geht ins Jenseits. C. H. DE GOLJE: Philosophy, Initiation und Myths of the Indians of Guiana and Adjacent Countries, in: Internationales Archiv für Ethnographie, Bd. XLIV, Leiden 1943, 8-10, meint generell: „Alle Indianer glauben an ein Leben nach dem Tode." Im Grunde formuliert die indianische Seelenvorstellung einen geistigen Zusammenhang aller Lebenserscheinungen. Vgl. TH. KOCH-GRÜNBERG: a. a. O., III 172: „Alle Tiere haben eine Seele, ebenso alle Pflanzen . . . Die Steine haben keine Seele, denn sie bewegen sich nicht, sie leben nicht und sterben nicht. Aber sie sind die Wohnungen mehr oder weniger böser Geister."

35 O ZERRIES UND M. SCHUSTER: Mahekodotedi. Monographie eines Dorfes der Waika-Indianer (Yanoama) am Oberen Orinoco (Venezuela, München 1974, 152-164, fassen (S. 163 f.) die verschiedenen Seelenvorstellungen so zusammen: „1) die dem Menschen vorbehaltene ‚nobolebe', die als Totenseele ihr Schicksal im Jenseits erfährt . . . 2) das animalische Lebenselement des Menschen, ‚mi-amo', das in seinen Eingeweiden lokalisiert ist; 3) die Schattenseele ‚nonish', die vornehmlich als Alter-Ego des Menschen in bestimmten Tieren faßbar ist . . . 4) die Bildseele ‚noudibe', die jedes Wesen als urzeitliches Vorbild und nachschaffbares Abbild haben kann; 5) das vor allem in der Stimme eines anderen Tieres sich äußernde Zeichen ‚hea' der Gegenwart von gewissen Tieren, Pflanzen und Menschen – möglicherweise ebenfalls ein Seelenbestandteil." Vgl. auch TH. KOCH-GRÜNBERG: Vom Roroima zum Orinoco, Berlin – Stuttgart 1916-1928, Bd. III 170 ff.; C. H. DE GOLJE: Philosophy, Initiation and Myths of the Indians of Guiana and Adjacent Countries, Internationales Archiv für Ethnologie, Bd. XLIV, Leiden 1943, 6-11. F. TRUPP: Die letzten Indianer, Itter 1981, 35. – Zum Seelenverständnis der Tukano vgl. G. REICHEL-DOLMATOFF: Amazonian Cosmos. The Sexual and Religious Symbolism of the Tukano Indians, Chicago–London 1971, 63-65, der die Auffassung der *Desana* so wiedergibt: „Die menschliche Existenz wird interpretiert als ein nicht endender Zyklus der

Fruchtbarkeit . . ., und Geburt, Tod und Geburt bilden dabei die Stufen von einer Mutterleibsexistenz zur anderen. Der Einzelne wird geboren von seiner Mutter, aber die eigentliche Lebensenergie kommt von *Ahpikondiá*, dem paradiesischen Mutterschoß; durch die Geburt wird das Kind dieser Welt einverleibt, die ein anderer Mutterschoß ist, aber zur selben Zeit tritt es ein in den Mutterschoß der *Maloca*. Im Tod kehrt es zu *Ahpikondiá* zurück, oder . . . es kehrt zurück zu dem Mutterschoß der einsamen Hügel im Wald, wo es seine Existenz in der Gestalt eines Tieres fortsetzt." (63) Die Art dieser „Seelenwanderung" hängt dabei ab von der Lebensführung des Betreffenden; das Endziel ist die Rückkehr zu Ahpikondiá. Näherhin wird die Seele in engem Zusammenhang mit der Atemluft und vor allem mit dem Sonnenlicht gesehen. „Die Seele hängt direkt von dem Sonnenvater ab und von seiner Vermittlerin, der Tochter der Sonne. Diese Abhängigkeit drückt sich in dem Glauben aus, daß die Seele ein lichthaftes Element darstellt, das nicht nur unter der Reflexion des Sonnenlichtes existiert, sondern seine eigene Lichthaftigkeit besitzt, die ihm im Augenblick der Geburt von der Sonne gegeben wurde." In der Sprache der *Desana* heißt die Seele *simpóra*, ein Wort, das von dem Verb *simpúri* abgeleitet ist, da so viel bedeutet wie „mit dem Finger einen Punkt machen", und es wird vom Schöpfungsvorgang der Sonne gebraucht. „Die Seele ist daher eine Art Markierung oder Zeichen, das die Sonne jedem Einzelnen gibt." (64) „Nach dem Tode besitzt die Seele verschiedene Möglichkeiten der Fortsetzung ihrer Existenz. Die Seelen von Personen, die tugendhaft gewesen sind und mit den moralischen Normen ihrer Kultur in Übereinstimmung waren, gelangen nach *Ahpikondiá*, wo sie sich in Kolibris verwandeln. Dieser ideale Zustand wird indessen nur von einer kleinen Minderheit erreicht, ein Glaube, der tiefe Beunruhigung verursacht. Der größere Teil der Seelen hat eine sehr unterschiedliche Bestimmung: er kehrt zurück zu den großen Mutterschoß-malocas, die unter der Erde oder unter dem Wasser liegen, wo die Geister der Bewohner des Waldes und der Flüsse leben." (65-66). (Eigene Übers.) – Zu der „Totenseele" (*nobolebe*), der „Schattenseele" (*noneshi*) und der Vorstellung vom Zweiten Ich (*alter ego*) sowie zu der Seelenkonzeption der *Bildseele (noudibe)* vgl. auch O. ZERRIES: Die Religionen der Naturvölker Südamerikas und Westindiens, in: W. Krickeberg – H. Trimborn – W. Müller –

O. Zerries: Die Religionen des alten Amerika, Stuttgart 1961, 269-384, S. 345-347. Vgl. auch J. HAEKEL: Die Vorstellung vom Zweiten Ich in den amerikanischen Hochkulturen. Wiener Beiträge zur Kulturgeschichte, Bd. 9, Wien 1952. I. GOLDMAN: Cosmological Beliefs of the Cubeo Indians, s. o. Anm. 31, S. 243, berichtet vom Glauben der *Cubeo*, daß die Geister der Verstorbenen zum Himmel aufsteigen und dort das Haus Gottes gegen ein Entgelt betreten können. „Auch Kinder müssen (etwas) bezahlen. Sie (sc. die Geister) leben aber nicht eigentlich im Hause Gottes, sondern in seinem Hunde-Haus (die Cubeo haben keine Hunde-Hütten!). Nur der Schamane (Jaguar) lebt mit Gott zusammen, außer jenen bösen Schamanen, die auf Erden viele Leute getötet haben." Es scheint aber, daß insbesondere die Vorstellung von „Gott" (*himenhinkü*), der schon vor dem Kulturheros *Quvai* existierte, z. T. christlich beeinflußt ist.

36 M. ELIADE: Forgerons et Alchemistes, Paris 1956; dt.: Schmiede und Alchemisten, übers. v. E. von Pelet, überarb. u. erg. v. R. Homann, Stuttgart ²1980.

37 Vgl. A. BASTIAN: Zur naturwissenschaftlichen Behandlungsweise der Psychologie durch und für die Völkerkunde. Einige Abhandlungen, Berlin 1883, 23.

38 K. A. NOWOTNY: Amerika, in: H. A. Bernatzik (Hrsg.): Neue Große Völkerkunde, Einsiedeln 1974, 699-894, S. 851. Vgl. bes. U. BÖDIGER: Die Religion der Tukano im nordwestlichen Amazonas, Köln 1965, 128-129, die auf die enge Beziehung des „Juruparí" (des Urzeitwesens, eigentlich ein Buschdämon der Tupinamba, vgl. S. 131) zum Feuer und damit zur Sonne hinweist. „Von dem Kuai der Baniwa heißt es, daß er nach seinem Tod an den Himmel ging, wo er ‚weiß und glänzend' war." Zumindest bei den aruakischen Tariana des Uaupés, bei dem sprachverwandten Stamm der Baniwa des Içana und eben bei dem Tukano-Stamm der Yahuna ist die Beziehung des „Juruparí" zur Sonne offensichtlich. – Der Held, der im Feuer zum Himmel auffährt, erscheint im *abendländischen* Kulturraum am bekanntesten in dem Mythe des Sonnenhelden *Herakles*. Vgl. OVID: Metamorphosen, IX 134-241; 241-273.

39 Generell meint G. REICHEL – DOLMATOFF: Amazonian Cosmos, s. o. Anm. 35, S. 126-127: „Die Seele (*simpóra*) eines *payé* (sc. eines Schamanen) ist mit Feuer zu vergleichen, dessen Licht die Dunkelheit durchdringt und die Dinge sicht-

bar macht; sie wird vorgestellt als eine Flamme, die aus dem ‚kleinen Gewebe' kommt und ein Licht verbreitet, das, entsprechend dem Grad seiner Kraft, stärker oder schwächer ist. Von einem *payé*, der nicht wirklich aktiv ist, sagt man: ‚Seine Seele ist nicht zu sehen, sie brennt nicht, sie scheint nicht . . . Das Licht der Seele des *payé* und das leuchtende Licht (draußen) sind beide von gelber Farbe; das kommt daher, daß sie die befruchtende Kraft der Sonne repräsentieren . . . Er (sc. der *payé*) ist selbst ein Teil des Lichtes der Sonne. . . . Das paradigmatische Model ist die Sonne, und wirklich ist der *payé* eine solare Gestalt, ein Abbild des Schöpfers." (Eigene Übers.) – In diesem Sinne erscheint *Milomaki* als das Vorbild eines indianischen Schamanen. – Zur Rolle und Gestalt des *Schamanen* vgl. C. M. DE GOLJE: Philosophy, Initiation and Myths of the Indians of Guiana and Adjacent Countries, s. o. Anm. 35, S. 60-94, der (S. 73 f.) vor allem die narkotischen Rauschzustände in Beziehung setzt zu den schamanistischen Himmelsreisen und den Yurupari der *Tariana* in den gleichen Zusammenhang stellt.

d) Das Lied der Vergebung

1 F. NIETZSCHE: Die Geburt der Tragödie aus dem Geist der Musik (1872), Versuch einer Selbstkritik (1886); Stuttgart (reclam 7131-32) 1952, 10; 11.

2 Vgl. Mk 14, 53-65; zur Stelle siehe E. DREWERMANN: Das Markus-Evangelium, 2 Bde, Olten 1987-88, II 525-544.

3 Vgl. E. DREWERMANN: Das Markus-Evangelium, II 559-623: Mk 15,16-20a: „Soldaten" oder: Die Legionäre und der Hauptmann.

4 A.a.O., II 624-646: Mk 15, 20b-41: Die Kreuzigung oder: Warum der Messias sterben mußte.

5 S. FREUD: Totem und Tabu (1912), Ges. Werke IX, London 1944.

6 A. E. JENSEN: Die getötete Gottheit. Weltbild einer frühen Kultur, Stuttgart – Berlin – Köln – Mainz (Urban Tb. 90) 1966, 125-142.

7 Vgl. E. DREWERMANN: Strukturen des Bösen. Die jahwistische Urgeschichte in exegetischer, psychoanalytischer und philosophischer Sicht, 3 Bde, Paderborn 1977-78, II 594-615.

8 Zum *Bärenkult* vgl. a.a.O., II 198-201; J. GULYA: Sibirische Märchen. I. Bd.: Wogulen und Ostjaken, übers. aus dem Ungarischen v. R. Futaky, Düsseldorf – Köln 1968, 26-36: Die Mos-Frau.

9 J. GULYA: A.a.O., I 35: „. . . unsere Seelen fliegen jetzt in den Himmel . . . mein himmlisches Mädchen, sieben Sterne werden am Himmel erscheinen . . . Das Haus der Bärin – so sollst du dieses Sternbild heißen." Vgl. dazu auch R. LEHMANN-NITSCHE: Das Sternbild der Bärenjagd, XXIV. Intern. Amer. Kongreß, Hamburg 1934; und O. ZERRIES: Sternbilder als Ausdruck jägerischer Geisteshaltung in Südamerika, in: Paideuma, Bd. V, Heft 5, 1952.

10 Vgl. A. E. JENSEN: Die getötete Gottheit, s. o. Anm. 6, S. 46-55. Zu der analogen Mythe der südamerikanischen *Uitoto* vgl. a.a.O., 55-65. Vgl. auch DERS.: Hainuwele, Frankfurt 1939. – Vgl. bes. auch O. ZERRIES: Die Religionen der Naturvölker und Westindiens, in: W. Krickeberg – H. Trimborn – W. Müller – O. Zerries: Die Religionen des alten Amerika, Stuttgart (Die Religionen der Menschheit, Bd. 7) 1961, 269-384, S. 308-326, der den Glauben an die „Mutter des Wildes" bzw. den „Herrn der Tiere" bei den Indios schildert sowie ausführlich die Versöhnungszeremonien der Wächtergeister von Jagdtieren und Fischen beschreibt; auch die Versetzung der Tiere unter die Sternbilder wird ausführlich geschildert. Es ist deutlich, „daß bereits gewissen Einzeltieren eine geistige Persönlichkeit zugesprochen wird" (S. 317) P. KIRCHHOFF: Food-gathering Tribes of the Venezuelan Llanos. – The Tribes north of the Orinoco River, in: Handbook of South American Indians, New York 1963, IV 491 z. B. berichtet, daß in der Provinz *Piritu*, wenn ein Jäger nach Hause kommt, seine Frau einen Trank von Maisbier in das Maul der erschlagenen Tieres schüttet, auf daß seine Seele den anderen Tieren erzählen möge, wie gut es behandelt wurde. – Zu den geistigen Aspekten der Jagd bei den *Waikas* vgl. ergänzend O. ZERRIES – M. SCHUSTER: Mahekodotedi. Monographie eines Dorfes der Waika-Indianer (Yanoama) am Oberen Orinoco (Venezuela), Frankfurt 1974, 265-278, bes. 267 f. zu den Speziesgeistern der Tiere.

11 Zum Tod des *Herakles* vgl. OVID: Metamorphosen, IX 134-241; 241-273.

12 Zur Stelle vgl. E. DREWERMANN: Ich steige hinab in die Barke der Sonne. Altägyptische Meditationen zu Tod und Auferstehung in bezug auf Joh 20-21, Olten 1988, S. 184-204. O. ZERRIES: Die Religionen der Naturvölker Südamerikas und Westindiens, in: W. Krickeberg – H. Trimborn – W. Müller – O. Zerries: Die Religionen des alten Amerika, Stuttgart (Die Religi-

onen der Menschheit, Bd. 7) 1961, 269-384, S. 336 schildert, wie „auch bei den Yahuna" „die Teilnehmer an dem alljährlich stattfindenden großen Yurupary-Fest" sich bis aufs Blut geißeln; doch hat dieser Ritus nicht mit Strafe, Schuld und Buße, sondern mit dem Wachstum der Pflanzen zu tun: die Schläge und das Blut sind wohl als ein Analogiezauber zu dem Klatschen des Regens und den Regentropfen zu verstehen.

13 Es ist freilich sehr wichtig, erneut zu betonen, daß die schuldhafte Tötung des Sohns der Sonne in dieser Klarheit und vor allem: gebunden an die Grunderfahrung der *Musik*, nur in der Yahuna-Mythe auftaucht. Eine Reihe verwandter Erzählungen, die der Gestalt des *Jurupari* stärker die Züge eines Buschgeistes denn eines Kulturheros verleihen, sprechen allerdings von einer wirklichen Schuld, als deren gerechtfertigte Strafe die spätere Tötung erscheint. So erzählt z. B. die Stammesmythe der *Tariana*, daß *Ualri*, der ungehorsame Alte, die Geheimnisse des Jurupari an die Frauen verriet. Er „wurde von den Nunuiba gefangengenommen und auf einem Scheiterhaufen verbrannt. Aus seinem Körper entsteht die erste Paxiuba-Palme . . . Als einziger blieb danach der Medizinmann des Dorfes in der Nähe des Scheiterhaufens. Als er am nächsten Tage noch nicht zurückgekehrt war, brachen die Männer des Dorfes auf, um ihn zu suchen. Als sie sich der Palme näherten, hörten sie deutlich die Stimme des Medizinmannes, der ihnen riet, keinen Schritt näher zu kommen, da aus der Asche des Ualri ‚eine neue Art von Leuten', die Uanctenmascan, entstanden seien. Sie sind unsichtbar; aber sie sind sehr mächtige Wesen, gegen die die Macht des Medizinmannes nichts vermag. Mit Steinen werfen sie nach den Menschen, um sie zu verwunden." U. BÖDIGER: Die Religon der Tukano im nordwestlichen Amazonas, Köln 1965, 82. Das Verraten des Geheimnisses spielt am Ende der Yahuna-Mythe gewiß eine Rolle: die Lieder *Milomakis* dürfen den Frauen und Kindern nicht bekannt werden; doch lassen sich daraus keine Rückschlüsse auf eine etwaige Schuld *Milomakis* von gleicher Art ziehen. Ein gewisser Hinweis auf das ursprüngliche Schuldmotiv könnte immerhin in einer Mythe der Uaupés gelegen sein. Hier wird dem *Jurupari* das Töten und Essen von Knaben zugeschrieben, „weshalb er hinwiederum von den Menschen getötet wird." A.a.O. 102. – Es scheint demgegenüber das Geheimnis des Todes selbst zu sein, das

sich in der *Milomaki*-Mythe als Ambivalenz des Tötens bei der Beschaffung von Nahrung ebenso wie beim Strafen eines Schuldigen ausspricht. Gerade das rätselhafte Sterben der Männer am Abend, da *Milomakis* Gesang zum ersten Mal ertönte, sowie die offenbare Schuldlosigkeit *Milomakis* bilden das Rätsel der Yahuna-Mythe und dürfen nicht durch Eintragungen aus anderen Erzählungen der Ost-Tukano und anderer Stämme getilgt werden, wenn man wirklich die vorliegende Mythe interpretieren will.

14 TH. MANN: Doktor Faustus. Das Leben des deutschen Tonsetzers Adrian Leverkühn erzählt von einem Freunde (1947), Frankfurt (Fischer-Tb 1230) 1971, 50. – Vgl. entsprechend P. DETTMERING: Das „Selbst" in der Krise. Literaturanalytische Arbeiten, Eschborn 1986, 62-67: Kann der Umgang mit Musik gefährlich sein? Überlegungen zur „Musiktherapie", der die Gefahr des Abgleitens in eine Ersatzwelt hervorhebt und betont: „Nur der Hörer, der sich der Musik wirklich aussetzen und beim Hören der Musik bei sich selbst bleiben kann, erlebt jenes Einswerden von Ich und äußerer Welt, . . . worin . . . die wesentlichste Heilwirkung der Musik zu erblicken ist."

e) Die Einheit von Natur und Kultur

1 Vgl. zur Stelle A. WEISER: Das Buch der 12 kleinen Propheten, ATD 24, I. Bd., Göttingen 1959, 224-226.

2 G. A. BÜRGER: Wunderbare Reisen zu Wasser und zu Lande. Feldzüge und lustige Abenteuer des Freiherrn von Münchhausen, wie er dieselben bei der Flasche im Zirkel seiner Freunde zu erzählen pflegt (1788), Wiesbaden (Löwitt) o. J., 5. Kap., S. 63.

3 Vgl. L. FROBENIUS: Das Zeitalter des Sonnengottes, Berlin 1904, I 42: vgl. E. DREWERMANN: Dein Name ist wie der Geschmack des Lebens. Tiefenpsychologische Deutung der Kindheitsgeschichte nach dem Lukasevangelium, Freiburg 1986, 125-126.

4 Vgl. G. W. F. HEGEL: Vorlesungen über die Philosophie der Religion. Mit einem Vorwort von Ph. Marheineke, hrsg. v. H. Glockner, Sämtliche Werke in 20 Bdn., 2 Bde., Bd. XV-XVI, 1. Bd., S. 295-300, zum Tode Jesu.

5 L. KLAGES: Der Geist als Widersacher der Seele, 3 Bde., ³1953; Nachdruck in: L. Klages, sämtliche Werke, hrsg. v. E. Frauchinger u. a., 1. Abteilung: Philosophie, Bd. 12, Bonn 1. Bd.

(Buch 1-4) ²1981; 2. Bd. (Buch 5) ²1983; 1. Bd. 217-279: Das Bewußtsein als Lebenszerstörung; 2.Bd., 5. Buch, 1. Teil, 1. Abschnitt: Geist und Seele, Kap. 56: Schauende und begreifende Wachheit; 5. Abschn., 71 Kapitel: Über Dichtertum und Pelasgertum, S. 1251-1400; vgl. DERS.: Vom kosmogonischen Eros (1922), in: Sämtliche Werke, Bd. 3, Philosophie III, Bonn 1974, 353-497, wo KLAGES dem Gott *Dionysos* als der Verkörperung des chaotischen, idiopathischen Rausches den Gott *Eros* als die Verkörperung des kosmischen Rausches gegenüberstellt. Der „Geist" demgegenüber erscheint als das analytisch Zerstörerische.

6 Vgl. C. LÉVI-STRAUSS: La pensée sauvage, Paris 1962; dt.: Das wilde Denken, übers. v. H. Naumann, Frankfurt 1968, 45-48, zu den Adoptionsriten der Fox-Indianer, bei denen ein toter Verwandter durch einen Lebenden ersetzt wird, um so „die endgültige Abreise der Seele des Verstorbenen zu ermöglichen." Solche Riten scheinen „vornehmlich von der Sorge eingegeben, sich der Toten zu entledigen und zu verhindern, daß diese sich an den Lebenden für die Erbitterung und den Schmerz darüber, nicht mehr unter ihnen zu weilen, rächen." (46) Dementsprechend wird das Andenken Verstorbener getilgt; es ist verboten, ihren Namen zu nennen, und der bewegliche Teil ihrer Habe wird weitgehend vernichtet. Vgl. O. ZERRIEST–M. SCHUSTER: Mahekodotedi. Monographie eines Dorfes der Waika-Indianer (Yanoama) am Oberen Orinoco (Venezuela), Frankfurt 1974, 151.

7 So finden sich z. B. im Museum zu *Schleswig* in der Nydam-Halle etwa 2000 Jahre alte Moorleichen, die „mit Haken und angespitzten, schräg eingesteckten Stangen im Boden verankert" worden sind; „manchmal bedeckte man sie auch mit Soden, Steinen oder Buschwerk. Man wollte damit verhindern, daß die Toten als Wiedergänger den Lebenden Schaden zufügten. Bei besonders gefährlichen Personen verstärkte man die Abwehrmaßnahmen durch Fesselung, zusätzliche Enthauptung oder Brechen der Gliedmaße." *M. Gebühr – K. W. Struve:* Nydam-Halle. Text der Tonführung, Neumünster 1982, 21 f. Vgl. auch S. RIECKHOFF: Faszination Archäologie, Regensburg 1990, 162, die kulturhistorisch die Angst vor dem „Wiedergänger" im Auseinanderbrechen der Einheitskultur der Linienbandkeramik um etwa 4000 v. Chr. festmacht.

8 Vgl. W. F. OTTO: Die Manen oder von den Urformen des Totenglaubens. Eine Untersuchung zur Religion der Griechen, Römer und Semiten und zum Volksglauben überhaupt. Darmstadt ²1985, 85-115. – Zur Angst vor den Geistern Verstorbener vgl. auch R. N. WEGNER: Ostbolivianische Urwaldstämme, in: M. Heydrich (Hrsg.): Ethnologischer Anzeiger, Bd. 2, Stuttgart 1929-1932, Teil 2: Referate, Berichte und Mitteilungen, 321-340, S. 337 zu den Neoze-Indianern.

9 Vgl. C. LÉVI-STRAUSS: Mythologiques, II: Du miel aux cendres, Paris 1966; dt.: Mythologica, II: Vom Honig zur Asche, übers. v. E. Moldenhauer, Frankfurt 1971; Neudruck: Frankfurt (stw 168) 1976, 486 f. – Zur Entstehung von Pflanzen aus Körperteilen bzw. aus der Asche vgl. U. BÖDIGER: Die Religion der Tukano im nordwestlichen Brasilien, Köln 1965, 93: „Die magischen und divinatorischen Pflanzen aber stammen entweder direkt von übernatürlichen Wesen oder Kulturheroen ... oder gehen auf Menschen ... oder Tiere zurück." Es ist aber wichtig, hier die Motive nicht umzukehren. Es gibt paradiesähnliche Erzählungen vom Essen eines (verbotenen Baumes) (s. 93-94); *hier* aber entsteht die Paschiuba-Palme erst aus dem *Tod Milomakis*, nicht umgekehrt. Vgl. auch O. ZERRIES: Die kulturgeschichtliche Bedeutung einiger Mythen aus Südamerika über den Ursprung der Pflanzen, in: Zeitschrift für Ethnologie, Bd. 77, 1952. – Neben der Entstehung der Pflanze existiert auch das „endokannibalistische" Motiv von dem Essen der Asche eines verbrannten Toten. Vgl. dazu O. ZERRIES: Die Religionen der Naturvölker Südamerikas und Westindiens, in: W. Krickeberg – H. Trimborn – W. Müller. – O. Zerries: Die Religionen des alten Amerika, Stuttgart (Die Religionen der Menschheit, Bd. 7) 1961, 269-384, S. 345 f. Vgl. dazu auch das Palmfruchtfest der Waika mit dem Ritus des Verzehrs der Totenasche: O. ZERRIES – M. SCHUSTER: Mahekodotedi. Monographie eines Dorfes der Waika-Indianer (Yanoama) am Oberen Orinoco (Venezuela), Frankfurt 1974, 209; und 144-151 zu den Trauerritualen und dem „Endokannibalismus" des Verzehrs der Asche des verbrannten Toten. Vgl. bes. R. KARSTEN: The Civilization of the South American Indians. With Special Reference to Magic and Religion, London 1926, 434, der den Sinn der endokannibalistischen Feste der Tukanos darin sieht, sich die Seele des Verstorbenen anzueignen, „um die Wiedergeburt des dahingegangenen Vorfahren in seinen Nachkommen sicherzustellen".

10 Vgl. C. LÉVI-STRAUSS: Das wilde Denken, s. o. Anm. 6, 92-129: Die Transformationssysteme; DERS.: Anthropologie Structurale, Paris 1958; dt.: Strukturale Anthropologie, übers. v. H. Naumann, Frankfurt 1967; daraus: Die Struktur der Mythen, S. 226-254, nach dem Originalartikel: The Structural Study of Myth, in: Myth. A Symposium, Journal of American Folklore, Bd. 78. Nr. 270, Okt.-Dez. 1955, 428-444.

11 So TH. MANN: Bekenntnisse des Hochstaplers Felix Krull. Der Memoiren erster Teil (1954), Frankfurt (Fischer TB. 639) 1965, 138: „Der Geist ist wonnegierig nach dem Nicht-Geistigen, dem Lebendig-Schönen dans sa stupidité, verliebt, oh, so bis zur Narrheit und letzten Selbstverleugnung und Selbstverneinung verliebt ist er ins Schöne und Göttlich-Dumme, er kniet vor ihm, er betet es an in der Wollust der Selbstentsagung, Selbsterniedrigung, und es berauscht ihn, von ihm erniedrigt zu werden."

f) Die „vegetarische" Überwindung des Todes

1 F. TRUPP: Die letzten Indianer, Itter 1981, 105. Die Waldfrüchte, bei deren Reife das Fest der Yahuna gefeiert wird und als deren Schöpfer *Milomaki* zu betrachten ist, sind „Ingá, Pupunha, Castanha, Umari usw." TH. KOCH-GRÜNBERG: Zwei Jahre unter den Indianern. Reisen in Nordwestbrasilien, 2 Bde., Berlin 1909-10, II 292-293. Zu den ökologischen Gegebenheiten des Jahreszyklus im Vaupésgebiet vgl. G. REICHEL-DOLMATOFF: Amazonian Cosmos. The Sexual and Religious Symbolism of the Tukano Indians, Chicago - London 1971, 237-241; wie stark das Töten und die Jagd im Denken der Indios in das Geheimnis von Sexualität und Fruchtbarkeit eingebunden ist, beschreibt der Autor auf S. 230-237: „Die Nahrung der Desana basiert auf kultivierten pflanzlichen Produkten, auf Wild und dem Sammeln von Wildfrüchten, Insekten und Honig." „Die erste Trennungslinie etabliert sich durch eine geschlechtliche Zweiteilung, entsprechend der Tatsache, daß Produkte des Waldes wesentlich einen männlichen Charakter haben, während Produkte des Flusses oder der Felder einen weiblichen Charakter haben. Die Zweiteilung etabliert sich nicht durch die Zweiteilung der Arbeit, denn Fischen ist eine männliche Tätigkeit, aber es wird betont, daß der Wald und seine Tiere streng der Sphäre des Mannes zugehörten." Näherhin geht die erotische Beziehung zwischen dem Jäger und seinem Opfer so weit,

„daß der Tötungsvorgang das Waldtier in ein weibliches Element verwandelt; dieses Element wird durch das männliche, d. h. durch den Jäger beherrscht, – die wirklichen sexuellen Bestimmungen des Tieres spielen hier keine weitere Rolle. Der Jäger fühlt eine gewisse sexuelle Erregung, sorgfältig achtet er auf die Genitalien seines Opfers, und wenn er es getötet hat, spricht er manchmal mit dem Tier, indem er sein Bedauern ausdrückt, solch ein schönes Tier getötet zu haben. Diese sexuelle Umwandlung in ein weibliches Element besitzt gleichwohl nur Gültigkeit in dem Moment des Todes oder während des kurzen Augenblicks, in dem der Jäger sein Opfer ergreift. Wenn der Augenblick vorbei ist, geschieht eine neue Umformung, die Beute erhält dann einen männlichen Charakter und muß entsprechend ihrer neuen Eigenart behandelt werden. Jetzt ist die Beute eine Verkörperung des Waldes, der Umwelt der Männer. Einmal gestorben, tritt das Tier in eine andere Sphäre ein, in eine andere Ebene des Energiekreislaufs. Das unmittelbare erotische Element bleibt verdeckt erhalten, aber es besteht keine direkte Beziehung mehr zwischen dem Jäger als einer Person und einem speziellen Tier, und die nächste Stufe besteht darin, es wieder in den Kreislauf einzugliedern, freilich in einer anderen Form. – Bei seiner Rückkehr aus dem Wald legt der Jäger das getötete Tier nahe dem Eingang der *maloca* nieder, und dann wird es von den Frauen hereingeholt; falls die Jagd an einer Stelle stattfand, die nur vom Fluß her zugänglich ist, läßt er das getötete Tier in seinem Kanu am Anleger zurück und geht zur *maloca*, es den Frauen zu sagen. Unter keinen Umständen darf der Mann das Tier in die *maloca* bringen, ob diese nun durch den Eingang der Wohnung oder durch das Kanu am Anleger repräsentiert wird; beide bilden eine Schwelle, eine Grenze zwischen zwei Handlungsbereichen, die sehr streng beachtet werden müssen. Bis zu diesem Punkt, aber nicht weiter, kann der Jäger handeln: sobald die Schwelle einmal übertreten ist, gelangt die Beute in die Sphäre des Weiblichen, wo sie in Nahrung umgewandelt wird. Natürlich hat der Jäger während des ganzen Vorgangs nicht als Individuum gehandelt; seine Tätigkeiten und seine Ergebnisse . . . stellen immer den Teil einer sozialen Tatsache dar, – das ist die *maloca*, die Sippe und die Biosphäre. – Diese Regeln und Einstellungen bilden die geistige Grundlage für die Desana. Die *maloca* ist ein Mutterschoß und somit ein Ort, an dessen Ein-

gang sich eine grundlegende Verwandlung vollzieht. Das Tun des Mannes, wenn er ein Tier zu der *maloca* bringt, ist ein Äquivalent des Sexualaktes, eine Befruchtung des Schoßes durch die Wirkkraft des Mannes. Dieses Geschehen, also das Herbeischaffen männlicher Nahrungsmittel, wird ausgedrückt mit den Worten *bári moa yuri*, Nahrung hervorbringen – hineinbringen, eine Redewendung, bei der die Bedeutung des Verbs *yuri* von besonderer Bedeutung ist. *Yuri* hat hier die Bedeutung von ‚Besamung‘, ‚Befruchtung‘; man denkt, daß ‚die Nahrung den Schoß bereitet‘ – den Schoß der *maloca* ebenso wie den Schoß einer Frau – so daß er fruchtbar sein wird dank der Energie, die er aufgenommen hat. Zur gleichen Zeit empfangen die Männer, die diese Nahrung zu sich genommen haben, neue Energie, die von ihren Frauen beim Kochen bereitet wird. So bleibt der Kreislauf geschlossen; die Energie bleibt erhalten und das Leben besitzt Kontinuität.“ (230-232; eigene Übers.) In diesem Sinne gibt es eigentlich keinen Tod und kein Töten, also auch keine Schuld, sondern nur einen einzigen Strom des Lebens, der sich in unterschiedlichen Verwandlungsformen erhält und ermöglicht. Die Zweiteilung der Wirklichkeit in Männlich und Weiblich, die uns im nächsten Abschnitt beschäftigen wird, erklärt zugleich auch die nähere Vorstellung von der Unsterblichkeit einer Menschenseele, wenn sie in Gestalt eines Kolibris fortlebt. „Der Kolibri . . . fliegt von Blume zu Blume und sammelt aus ihnen Honig. Die Desana sehen eine sexuelle Symbolik darin, denn die Blume repräsentiert die *maloca*, der Kolibri den Penis und der Honig den Samen. Der Ausdruck: Der Kolibri saugt Honig ist eine verbreitete Umschreibung für Koitus, und ‚Honig‘ (*momé*) ist ein Synonym für ‚Samen‘, ausgedrückt in den Worten *mahsë-momé* = Menschenhonig. Darüber hinaus sagt man, daß ein erwachsener Mann einen Penis ‚von der Größe eines Kolibris‘ haben sollte und nicht so lang ‚wie ein Ameisenbär‘. Dieser Unterschied ist wichtig . . . denn ein Penis kleiner Größe wird als Zeichen eines hohen sozialen Status betrachtet. Der Vergleich: Honig-Samen wird in der folgenden Form durchgeführt . . .: ‚Der Honig der Blumen ist rein, denn die Blume ist keinen Kontakt mit den anderen Blumen eingegangen; sie ist nicht durch Menschenhand geschaffen worden.‘ Darin enthalten ist ein Konzept von Reinheit. Honig, der gleichzeitig als Kristall gilt, ist eine kristalline Flüssigkeit und repräsentiert die befruchtende

de Kraft des Sonnenvaters; d. h. er repräsentiert den Samen des ursprünglichen Phallus. Es wird damit betont, daß der Honig der Blumen ‚rein‘ ist und daß er ‚von der Natur in eine durchsichtige Flüssigkeit‘ verwandelt wurde, was bedeutet, daß er nicht ein rohes, sondern ein ‚verwandeltes‘ Element darstellt, eine Vorstellung, die im Denken der Desana kennzeichnend ist. Der Akt des Siedens oder Kochens von Nahrung ‚verwandelt‘ diese im sexuellen Sinne, denn sie ändert nicht nur ihre Qualität vom Rohen zum Gekochten, sondern erzeugt überhaupt einen Wandel in der Geschlechtszugehörigkeit vom Männlichen zum Weiblichen, vom Bösen zum Guten, vom Gefährlichen zum Harmlosen, vom Profanen zum Reinen. Andererseits ist Kochen ein Symbol für Sexualverkehr, der ebenfalls einen Mechanismus der Verwandlung darstellt.“ (194; eigene Übers.) Entsprechend dieser Vorstellung versteht man noch einmal die Bedeutung der *Verbrennung Milomakis*, seine „Umwandlung“ in ein himmlisches Wesen, sowie den Gedanken, die Seelen der Menschen seien „Kolibris“, also Wesen, die leben in der Sphäre der lebenerhaltenden Kraft der Sonne inmitten eines Felds von Schönheit. – Sehr stark wird in der *Seelenvorstellung* der *Apapocuva-Guarani* das Tierische, die Tierseele im Menschen als Sitz der gewalttätigen, schlimmen Regungen betrachtet, während die Pflanzenseele (*ayvucué*) den Appetit auf milde Pflanzenkost verleiht und als Sitz der Ruhe gilt; die Tierseele (*acyiguá*) hingegen macht einen Menschen grausam. Die Tierseele kann im Tode zu einem Gespenst werden; die schmetterlingsähnliche Pflanzenseele, vor allem der Kinder, aber gelangt in die „Land ohne Schlechtes“. Vgl. O. ZERRIES: Die Religionen der Naturvölker Südamerikas und Westindiens, in: W. Krikkeberg – H. Trimborn – W. Müller – O. Zerries: Die Religionen des alten Amerika, Stuttgart 1961, 269-384, S. 343-344; C. NIMUENDAJU: Bruchstücke aus Religionen und Überlieferung der Schipaia-Indianer, Anthropos 1919-20, Bd. 14-15; 1921-22, Bd. 16-17, S. 311 ff. – Bes. sprechend ist ein Mythos der *Tupinambá* von *Ahanga* und dem Jäger, den C. BRANDENBURGER: Mythen, Sagen und Märchen brasilianischer Indianer, São Leopoldo – Cruz Alta 1919, S. 38 Nr. 9 erzählt: „In der Gegend der heutigen Stadt Santarém verfolgte ein Tupinambá-Indianer eine Hindin, welche ein saugendes Kälbchen begleitete. Nachdem er die Hindin verwundet hatte, konnte der Indianer das Kälbchen greifen. Er versteckte sich hinter einem Baum und brachte das Kälbchen zum Schreien. Durch die Angstschreie angelockt, näherte sich die Hindin auf einige Schritte Entfernung. Er schoß sie, und sie stürzte zu Boden. Als der Indianer zufrieden seine Beute holen wollte, erkannte er, daß er das Opfer einer Täuschung Ahangas (sc. des Gottes der Jagd, d. V.) geworden. Die Hindin, welche er verfolgt hatte, war gar keine Hindin, sondern seine eigene Mutter, welche tot am Boden lag, von dem Pfeile durchbohrt und von Dornen zerrissen. So strafte Ahanga den Mörder der Tiermutter.“

2 Vgl. dazu J. KOTT: The Eating of the Gods. An Interpretation of Greek Tragedy, New York 1973; dt.: Gott-Essen. Interpretationen griechischer Tragödien, übers. aus dem Polnischen v. P. Lachmann, München – Zürich 1975; C. G. JUNG: Das Wandlungssymbol in der Messe (1942); Ges. Werke XI, Olten 1963, 219-323.

3 E. DREWERMANN: Der Krieg und das Christentum, Regensburg 1982, 284-313.

4 Vgl. M. ELIADE: Mythes, rêves et mystères, Paris 1956; dt.: Mythen, Träume und Mysterien, übers. v. M. Benedikt u. M. Vereno, Salzburg 1961, 46-52: Die Sorgen des Kannibalen; E. DREWERMANN: Strukturen des Bösen. Die jahwistische Urgeschichte in exegetischer, psychoanalytischer und philosophischer Sicht, 3 Bde., Paderborn 1977-78, II 594-615.

5 Vgl. A. E. JENSEN: Die getötete Gottheit. Weltbild einer frühen Kultur, Stuttgart – Berlin – Köln – Mainz (Urban Tb. 90) 1966.

6 A.a.O., 46-55. DERS.: Hainuwele, Frankfurt 1939. – In der Vorstellung der Tukano ist das Essen selbst ein Äquivalent der Begattung (G. REICHEL-DOLMATOFF: s. o. Anm. 1, 194) und mithin ein Teil des Kreislaufs der Lebensenergie.

7 Vgl. E. DREWERMANN: Der Krieg und das Christentum, Regensburg 1982, 353-359.

8 Vgl. G. VON RAD: Das erste Buch Mose, Kap. 1-12,9, Göttingen (ATD 2) 1961, 108-109.

9 Vgl. E. DREWERMANN: Ich steige hinab in die Barke der Sonne. Altägyptische Meditationen zu Tod und Auferstehung in bezug auf Joh 20-21, Olten 1989, 228-247: Von der Unsterblichkeit der Tiere oder: Hoffnung für die leidende Kreatur. Auch als Sonderdruck: Olten 1990, Vorwort von L. RINSER. – Wie stark die Beziehung der Indios zu den Tieren ist, erwähnt F. TRUPP: Mythen der Makuna, Wien 1977, 88: „Charakteristisch . . . ist . . ., daß gewisse Tiere *ösi* (sc. eine Seele) besitzen. Wenn z. B. ein Jaguar oder ein Wild-

schwein getötet werden, so bleibt nur die äußere Hülle liegen und das *ösi* des Tieres kehrt in das Haus zurück, in dem alle Tiere wohnen, und bekommt dort von seinem ‚Herrn‘ ein neues Gewand.“

10 Vgl. E. DREWERMANN: Der tödliche Fortschritt. Von der Zerstörung der Erde und des Menschen im Erbe des Christentums, Regensburg, 6. erw. Aufl. 1990, 34-45; 305-331.

g) *Männer und Frauen – symbolische Trennungen*

1 C. LÉVI-STRAUSS: Tristes Tropiques, Paris 1955; dt.: Traurige Tropen, übers. v. S. Heintz, Köln – Berlin 1970, 164.

2 A.a.O., 249; vgl. S. 195.

3 A.a.O., 195.

4 A.a.O., 196-197.

5 A.a.O., 198.

6 So kennen die Tukano die Mythe von der Tochter der Sonne, die als eine „Personifikation des Weiblichen“ zu betrachten ist und „den Mann in die Geheimnisse des Sexuallebens einführt.“ „Es ist kennzeichnend, wenn man die Einstellung der Desana zur Sexualität kennt, daß sie (die Tochter der Sonne) es war, die auch den Tod in die Welt brachte: das erste Opfer war eines ihrer eigenen Kinder, das zugrunde ging als Bestrafung für seine Ausschweifungen (s. a.a.O., 35-36, d. V.). Als das Bestattungsritual abgehalten wurde, entschied die Tochter der Sonne, ihren Sohn an einem Ort beizusetzen, der *abé goró* hieß, der ‚erste Friedhof‘. Der Name und der Ort werfen ein interessantes Problem auf. *Abé* bedeutet Sonne, aber das Wort *goró* ist schwer zu übersetzen, da es verschiedene Bedeutungen einschließt. *Goró* bedeutet allgemein ein ‚sauberer Ort, gut zu leben‘, eine ‚Parzelle‘, ein ‚offener Platz‘. Doch der mythische Platz, der als *abé goró* bezeichnet wird, heißt auch *ye'éri goró* – Platz des Koitus. Diese Verbindung erklärt uns die Bedeutung des Wortes. *Goró* ist abgeleitet von *go'o* – Blume, *go'óri* – Blumen, und der Informant erklärt, daß es ist ‚ein Platz so anziehend wie eine Blume‘. Wie wir bei verschiedenen Gelegenheiten gesehen haben, gehen wir jetzt von der metaphorischen Ebene über zu der Ebene sexueller Körperlichkeit, und wir sind dann nicht überrascht zu lernen, daß das Wort Blume in der Symbolik der Desana ein Synonym für Vagina ist. Es kommt auch vor, daß *abé goró* als Synonym für die Felsen der Wainambi-Stromschnellen gebraucht wird, wo die erste inzestuöse Vereini-

gung geschah (s. a.a.O., S. 28-29, d. V.). *Abé goró* . . . ist ein Platz, ‚wo Spuren hinterlassen wurden‘.“ Diese „Spuren“ bestehen offenbar in bestimmten pathogenen, gefährlichen Stoffen aus dem Krankheiten bringenden Samen eines inzestuösen Verkehrs, „und die Stellen, an denen die Ahnen miteinander Verkehr hatten, ob die Sonne oder die Ahnen der Phratrien, werden als Friedhöfe betrachtet.“ (G. REICHEL-DOLMATOFF: Amazonian Cosmos. The Sexual and Religious Symbolism of the Tukano Indians, Chicago – London 1971, 74-75, eigene Übers.) Sexualität und Tod, Fruchtbarkeit und Krankheit, der Ort der Entstehung des Lebens und der Ort der Verwesung, das Bild der gebärenden und der alles Leben zurücknehmenden „Vagina“, der Blume einer Unsterblichkeit, die Tod und Leben benötigt, um selber ins Unvergängliche zu blühen, – all das macht in unübertrefflichen Bildern die ganze Ambivalenz des menschlichen Daseins deutlich, in dem Lust und Leid unauflöslich miteinander verknüpft sind. Sexualität, Tod und das Töten sind etwas „Sexuelles“, – ein unablässiger Kreislauf zwischen den Energien des „Männlichen“ und des „Weiblichen“. „Wer noch nicht getötet hat, der soll töten. Wer noch nicht geboren hat, der soll gebären“, besagt ein Gesang abessinischer Feldbau-Völker, der Tod und Fruchtbarkeit, verteilt auf die Rollen von Mann und Frau, miteinander verbindet. A. E. JENSEN: Die getötete Gottheit. Weltbild einer frühen Kultur. Stuttgart – Berlin – Köln – Mainz (Urban Tb. 90) 1966, 128. – Vgl. auch O. ZERRIES: Dualorganisation und Weltbild bei brasilianischen Indianern, in: Staden-Jahrbuch 11/12, São Paulo 1963-64, der die symbolische Komplementarität der Geschlechter betont. – Vgl. auch M. M. YPIRONNGA: Cariamã, Pubertätsritus der Tucano-Indianer, übers. aus dem Portug. v. W. Giese, in: Zeitschrift für Ethnologie, 85, Braunschweig 1960, 37-39, S. 39, der schildert, wie der Einzuweihende im Pubertätsritus die verschiedenen Arten von Jagd und Fischfang beherrschen muß. Auch bei den Pubertätsriten dürfen die Frauen „diesen Kraft- und Geschicklichkeitsproben auf keinen Fall beiwohnen und auch nicht den Klang der heiligen Instrumente hören. Daher flüchten sie mit den kleinen Kindern in den Wald. Der Wettstreit wird durch eine Art Feuerprobe beendet.“ Es handelt sich um die gleichen Elemente, die auch der Reifefeier der Waldfrüchte des Milomaki-Mythos zugrundeliegen. – Zu den *weiblichen* Pubertätsriten vgl. A.

MÉTRAUX: Ritos de transitos de los Indios sud-americanos, in: Anales del Instituto de Etnologia Americano, Universidad Nacional de Cuyo, T. VI, p. 117-128, Mendoca 1945, der auf die Elemente der Absonderung, der Reinigung und der Defloration hinweist.

7 Vgl. E. DREWERMANN: Kleriker. Psychogramm eines Ideals, Olten 1989, 736-738; 742-744. Zu der Stellung der Frau gegenüber öffentlichen Ämtern in der mittelalterlichen Auffassung der kath. Kirche vgl. SH. SHAHAR: Die Frau im Mittelalter, übers. v. R. Achlama (1981), Frankfurt (Fischer Tb. 3475) 1983, 24-35. Vgl. auch H. TREIBER: Geschlechtsspezifische und andere Spannungsverhältnisse innerhalb der Kirche. Eine Problemskizze vornehmlich zum Mittelalter, in: G. Völger u. K. v. Welck (Hrsg.): Männerbünde. Männerbande. Zur Rolle des Mannes im Kulturvergleich, 2 Bde., Köln (Rautenstrauch – Joest Museum) 1990, I 149-163; diese Abhandlung geht bes. auf die „Frauenfrömmigkeit" des 13. Jh.'s ein, die in ihrer Mystik durchaus anti-institutionell zu sehen ist (156-157).

8 Vgl. E. DREWERMANN: Der Krieg und das Christentum, Regensburg 1982, 284-337.

9 Vgl. z. B. Gen 9,18-27, die Fluchworte über „Kanaan"; E. DREWERMANN: Strukturen des Bösen. Die jahwistische Urgeschichte in exegetischer, psychoanalytischer und philosophischer Sicht, Paderborn 1977-78, I 231-261. Vgl. auch K. DESCHNER: Das Kreuz mit der Kirche. Eine Sexualgeschichte des Christentums, 12. erw. Aufl. München (Heyne Tb. 1280) 1989, 44-53; vgl. auch E. E. VARDIMAN: Die Frau in der Antike. Sittengeschichte der Frau im Altertum, Wien – Düsseldorf 1982, 70-91.

10 F. TRUPP: Die letzten Indianer, Itter 1981, 78-79; vgl. DERS.: Mythen der Makuna, Wien 1977, 71-81: Die Mythe des alten Yurupari *(He buku)*, eines Jaguar-Schamanen, und seiner Gefährtin *Romi Kumú* ist im ersten Teil der *Milomaki*-Mythe der Yahuna verwandt: *He buku* überwacht hier die Einhaltung des Fastengebotes. „In ihm vereinigen sich auch die Züge eines Kulturheros, denn aus seiner Asche entstehen mehrere Pflanzen, die während des Yurupari-Festes eine wichtige kultische Funktion besitzen: Aus der Chontapalme stellt man die Mundstücke der Instrumente her." „Im zweiten Teil der Überlieferung tritt Romi Kumú als die ursprüngliche Besitzerin des Yurupari auf. In dieser Vorzeit, in der die umgekehrten Verhältnisse von heute

herrschten, besaß das weibliche Element Macht über das männliche. So betonen unsere Informanten, daß in dieser Zeit die Männer auf den Feldern arbeiteten und die Kinder betreuten, weswegen ihre Arme heute vom Tragen der Körbe lang geworden seien, während die Frauen damals den Yurupari spielten." (A.a.O., 77) Auch W. SAAKE: Die Juruparilegende bei den Baniwa des Rio Issana. Proceedings of the XXXIInd International Congress of Americanists, Copenhagen 1956, 279 gibt eine Überlieferung der Baniva wieder, wonach „früher die Männer sich mit der Maniokbereitung hätten abgeben müssen, während die Frauen mit dem Blasen der Yurupari-Flöten beschäftigt gewesen seien." Vgl. bes. DERS.: Aus der Überlieferung der Baniva, in: Staden Jahrbuch, Bd. VI, São Paulo 1958, 83-91; er schildert (S. 85-87) den Wettkampf um den Besitz der Jurupariflöten zwischen Männern und Frauen bei dem Aruak-Stamm der Baniva: „An der Feuerstelle, an welcher Jurupari verbrannt worden war, wuchsen Paxiuba, Jubaro und Cipó aus dem Boden empor." Man gewann daraus verschiedene Flöten, die der Windzug eines Baumblattes spielte. „Vor seinem Tode hatte Jurupari gesagt: Ich werde meinen Sohn (meine Zunge, meine Sprache) auf Erden zurücklassen. Er wird singen, wie ich gesungen habe." Amaru aber geht zu Inapirikuri, um die Flöten für sich zu fordern, doch da sie eine Frau ist, bekommt sie diese nicht. Aus einem Loch läßt Amaru 30 Mädchen erstehen, Inapirikuri 30 Burschen; beide sollen um die Wette 30 Palmen erklettern, – den Wettstreit gewinnen die Jungen; so gehören ihnen die Flöten. Als Amaru und die Mädchen die Flöten eines Nachts rauben und sie mit dem Mund zu bespielen lernen, werden alle Frauen vom Blitz erschlagen, außer Amaru, die unter ihrer Achsel auch eine der Flöten entführte. – Wie ist diese Überlieferung *sozialgeschichtlich* zu bewerten? F. TRUPP: Mythen der Makuna, 77 stellt zwar fest, daß die Mythe vom Raub des Yurupari die Vorherrschaft der Männer institutionalisiere, findet allerdings keinerlei „mutterrechtliche Tendenzen" bei den Makuna-Indianern. U. BÖDIGER: Die Religion der Tukano im nordwestlichen Amazonas, Köln 1965, 106-107 betont, wie es scheint, sehr zu recht, daß die Interpretation dieser Mythen wesentlich „im religiösen Bereich", „nicht im sozialen" erfolgen müsse, und wendet sich damit gegen A. H. COUDREAU: Voyage à travers les Guayanes et l'Amazonie, La France équinoxiale, 2 Bde., Paris 1887,

der eine entsprechende Mythe zum ersten Mal aufgriff und als Argument für das „Amazonenstadium" der Kulturentwicklung verwandte. Geht man, wie U. BÖDIGER vorschlägt, zur Deutung des Mythems von den Männerfesten der Indios aus, in denen Sakralinstrumente für die Frauen tabuisiert sind, so handelt es sich um die *Initiation der Knaben*, um die *Totenfeste* und um die *Reifefeier bestimmter Fruchtbäume*. „Aus verschiedenen Beschreibungen der Feste zur Reife bestimmter Fruchtbäume wird ein enger Zusammenhang mit deren Fruchtbarkeit überhaupt deutlich. . . . Wir nehmen . . ., an . . . daß die Feste mit ihren Symbolen ursprünglich auf bestimmte transzendente Wesen zurückgehen, die in innigem Zusammenhang mit Bäumen und deren Früchten stehen, nämlich auf bestimmte Buschgeister. Diese Geister aber weisen häufig eine Ambivalenz auf, deren gefahrvoller und eventuell verderblicher Aspekt in besonderem Maße gegen Frauen und Kinder gerichtet ist . . . Die logische Fortführung dieser Vorstellung ist, daß die Geräte, die das Urzeitwesen repräsentieren oder selbst sind, eine gleichartige Wirkung ausüben . . . In dieser Vorstellung möchten wir den Grund für die Tabuierung der Sakralgeräte und damit der Feste, an denen sie wirksam werden, sehen" (a.a.O. 106-107). Gilt dies, so ist die Frage natürlich noch einmal rückwärts an die *Milomaki*-Mythe zu stellen: worin eigentlich besteht die Gefahr, die *Milomaki* mit seinem Gesang für die Frauen und die nichtinitiierten Kinder darstellt? Diese Frage läßt sich nicht mehr mit der Zwielichtigkeit *Milomakis* als eines ehemaligen Buschgeistes beantworten und auch nicht mit dem vermeintlichen Auftreten der Männerherrschaft erklären; es muß vielmehr in der Gestalt *Milomakis* und seiner Musik etwas liegen, das den ehemaligen „Buschgeist" speziell den Frauen und Kindern zu einer tödlichen Bedrohung macht, und diese Gefahr besteht nach der Auskunft des Yahuna-Mythos einzig in der Art der Musik selbst bzw. in der Wirkung, die sie bei den Hörenden hinterläßt. – Es ist vielleicht für manchen Leser wichtig, an dieser Stelle ausdrücklich zu betonen, daß es hier in keiner Weise darum geht, mit dem Beispiel einer fremden Kultur zu rechtfertigen oder gutzuheißen, was in unserer Gesellschaft „Patriarchalismus" heißt. Der „Patriarchalismus" besteht gerade darin, daß ein System sinnvoller (symbolisch vermittelter!) Zuordnungen der Geschlechter nicht (mehr) existiert und an die Stelle einer solchen

Zuordnung ein Verhältnis von Macht und Gewalt getreten ist. Demgegenüber läßt sich von den südamerikanischen Indios gerade lernen, wie sich der Unterschied *und die Einheit* der Geschlechter als komplementäre Ergänzung innerhalb ein und desselben Energiestroms des Lebens definieren und verstehen läßt. Ein wichtiges Motiv der Trennung der Geschlechter liegt in der Religion der Indios offenbar darin, jede Vermischung des Weiblichen und des Männlichen, die Gefahr des *Inzestes* mithin, auszuschließen. *Tiefenpsychologisch* betrachtet, geht es somit um die Ausrichtung der libidinösen Antriebe nach vorn – in die Richtung von Offenheit, Bewußtwerdung und Freiheit und um den Schutz vor einem Rückfall in die Regression nach rückwärts. – Zum Palmfruchtfest der *Waika* vgl. ergänzend O. ZERRIES – M. SCHUSTER: Mahekodotedi. Monographie eines Dorfes der Waika-Indianer (Yanoama) am Oberen Orinoco (Venezuela), Frankfurt 1974, 205-215, wo vor allem die beiden Wirtschaftsseiten des Wildbeuterdaseins: „die Jagdtätigkeit des Mannes und das Sammeln wilder Früchte durch die Frauen", zum Ausdruck kommt; beschrieben wird auch, wie die Knochenasche von im vergangenen Jahr Getöteten unter Weinen und Klagen mit einer Bananensuppe getrunken wird (208; 209). Die charakteristischen Merkmale des Ritus der Yahuna von *Milomaki* fehlen gänzlich.

11 Ganz im Gegenteil gilt es zu begreifen, wie sehr die gesamte Vorstellung von einem Leben nach dem Tode *weiblich* geprägt ist. Das Grab ist selber der Schoß – deshalb ist der Tod nur ein Übergang. F. TRUPP: Mythen der Makuna, s. o. Anm. 10, S. 87-89 schildert, „was nach dem Tod geschieht", so: „Nachdem sich ösí (sc. die Seele, ‚eine Qualität, die ihren Sitz im Herzen hat') und *trounyari* (sc. der Geist, die Gedanken, was im Kopf ist, d. V.) vereinigt haben, umkreisen sie zunächst mehrere Male die Erde und werden dann von den Umuana, die die Form von Bienen besitzen, empfangen. Der Herr der Umuana ist der *Umuana gawa* (*umua* = Raum, *gawa* = weiß). Dieser empfängt die Seelen mit seinen Händen, die die Form einer Schale haben und *riha tobe* genannt werden (Blut-Schale, Synonym für den Uterus). In dieser *rihi tobe* vollzieht sich eine Transformation, indem der *Umuana gawa* die Seele mit Tabakrauch bebläst: Aus dem *ösí* entsteht ein neues Wesen in der Gestalt eines kleinen Kindes. Nach dieser Verwandlung erscheint ein verstorbenes Familienmitglied der unilinearen Verwandtschaftsgruppe und führt das postmortale Wesen zum *doasaroka wi*, das sich auf unserer Erde befindet. Hier wächst es zum Erwachsenen heran. In diesem Haus der Toten lebt man ähnlich wie auf der Erde. So gibt es zwar auch Krankheiten, die aber nicht so gefährlich sind und man kann daran kein zweites Leben sterben. In das *doasaroka wi* kommen alle Menschen; auch die Mörder besitzen dort einen eigenen Sektor. Die Menschen, die darin wohnen, haben die Gestalt von Tieren, die der der *Rihoni masa* (Alte Leute) entspricht. Gemeint sind hier die mythologischen Vorfahren, die die Gestalt von Tieren besitzen und von denen sich die Sippe ableitet". „Nach dem Tod eines Menschen durchmißt die ‚Seele' bis zu ihrer weiteren Existenz im Totenhaus den Raum in einem dreidimensionalen Ablauf. Dabei tritt der *Umuana gawa* als Transformator auf, wobei seine Hände den weiblichen Uterus symbolisieren, in dem die Metamorphose stattfindet." – Statt also zu glauben, die Feier *Milomakis* beraube die Frauen der Unsterblichkeit ihrer Seelen, muß man gerade umgekehrt sagen: die Frauen sind im indianischen Glauben selber das Prinzip der Unsterblichkeit, der Vereinigung von Denken und Fühlen, von Herz und Kopf, und sie bilden symbolisch den Ort der Wiedergeburt und des Neuanfangs. Diese ihre Kraft aber stünde auf dem Spiel, wenn man das Männliche und das Weibliche durcheinanderbrächte. Alles Leben teilt sich im Glauben der Tukano in Männlich, Weiblich und Mann-Weiblich. G. REICHEL-DOLMATOFF: Amazonian Cosmos, s. o. Anm. 6, S. 209 zählt u. a. den Jaguar, Ozelot, Tukan, Kolibri, die Ente, Biene und den Skorpion als männlich auf, während Fisch, Alligator, Taube, Eule, Bussard und Schnecke als weiblich gelten; Hirsch, Tapir, Pekari, Affen und Schlangen hinwiederum werden als mann-weiblich betrachtet. Entsprechend müssen die „männlichen" und die „weiblichen" Aktivitäten streng auseinandergehalten werden. So ist z. B. das Jagen und das Fischen von einander grundlegend verschieden – das Wasser ist dem Bereich des Weiblichen zugehörig. „Ein Mann, der im Wald auf der Jagd war und plötzlich zum Flußufer kommt, kann dort nicht fischen; in solch einem Falle muß er zu seiner *maloca* zurückkehren und sich rituell auf das Fischen vorbereiten. Er mag einige kleine Fische in den Bächen aufsammeln, die er im Wald findet, aber er darf nicht im Fluß fischen; man darf die zwei Tätigkeiten nicht vermischen. Der Jäger führt mit sich den Geruch von Rauch, Brand und Blut, vor dem die Fische sich ekeln, besonders die Anacondas, die ihre Vertreter sind . . . Daher kann ein Mann, der beim Fischen ist, nicht plötzlich auf die Jagd umschalten; die zwei Tätigkeiten müssen strikt getrennt bleiben, denn die ‚Vermischung' von Männlich und Weiblich, Wald und Fluß, Fleisch und Fisch würde einer verbotenen sexuellen Beziehung gleichkommen, im Gegensatz zu dem Exogamiegebot. (A.a.O., 229-230, eigene Übers.) Die Vermischung der beiden Lebenshälften also wäre so verhängnisvoll wie der Inzest selbst. Deshalb gilt es, Männer und Frauen bei bestimmten Gelegenheiten, die religiös von Belang sind und der Erneuerung des Lebens dienen, auseinanderzuhalten, um die symbolische Zweiheit in der Einheit des Lebens möglichst klar zum Ausdruck zu bringen. – Es ist hoffentlich unnötig, noch einmal zu betonen, daß die Erwägungen über den religiösen Sinn von Gesellschaftsstrukturen, die uns als „patriarchalisch" erscheinen, immerhin zeigen können, daß selbst der „Patriarchalismus" viele Formen des Lebens, darunter einige sehr vernünftige und sinnvolle, zuläßt, daß aus all dem aber keinerlei Alibi hervorgeht, die Unkultur der Unterdrückung der Frau in unserer eigenen Gesellschaft unter religiösen Verschleierungen fortzusetzen. Kulturen sind lebendige Organismen, und man kann nicht willkürlich den Teil einer bestimmten Kultur in eine ganz anders geartete Kultur implantieren wollen, ohne Chimären und Monstren dabei in Kauf zu nehmen. – Zu dem Gesamtkomplex des Verhältnisses von Mann und Frau vgl. kritisch K. E. MÜLLER: Die bessere und die schlechtere Hälfte. Ethnologie des Geschlechterkonflikts, Frankfurt 1984, der in der „Monopolisierung des Zugangs zu Exosphäre und Transzendenz" durch die Männer eine Reaktionsbildung auf die Bedrohung durch die an sich vorhandene weibliche Überlegenheit sieht: die männlichen Alliierten im Jenseits, das Männerhaus in der Mitte des Versammlungs- und Festplatzes sollen den Anspruch auf männliche Überlegenheit legitimieren und demonstrieren. Vor allem das Menstruationsphänomen spielt dabei allerorten die größte Rolle; gerade die größere Mobilität des Mannes, der nicht, wie die Frau seit Jahrhunderttausenden, durch die Schwangerschaft und Säuglingsbetreuung gebunden war, half ihm, die „Exosphäre" zu erobern und vergessen zu machen, daß die Frau ökonomisch (durch ihre Sammlertätigkeit) und

biologisch (als Mutter) den weit wichtigeren Teil der Existenzsicherung leistete als der Mann. Gleichwohl gilt, was sich in Archäologie wie Ethnologie beobachten läßt: die höhere Wertschätzung der Jagd auf der Kulturstufe der Sammlerinnen und Jäger, die immerhin den unvorstellbar langen Zeitraum der Alt- und Mittelsteinzeit (800.000-5.500 v. Chr.) umfaßt hat. Generell läßt sich sagen, was S. RIECKHOFF: Faszination Archäologie, Regensburg 1990, 117, so ausdrück: „Bei all diesen Wildbeutern ist die Jagd stets Aufgabe der Männer. Frauen sammeln und bereiten die Nahrung, weil sie wegen der Sorge für die Kleinkinder nicht an der Jagd teilnehmen können. Diese Arbeitsteilung ist vermutlich uralt, ebenso wie die daraus entstehende Rangordnung zwischen Mann und Frau oder innerhalb der Gruppe: da die schwierige Beschaffung von Fleisch mehr gilt als das Sammeln, nimmt der erfolgreiche Jäger eine bevorrechtigte Stellung ein."

12 So J. G. FICHTE: Grundlage der gesamten Wissenschaftslehre (1794), hrsg. v. F. Medicus (1922); Hamburg (Philos. Bibl. 246) 1961, S. 215 (Dritter Teil, § 9).

13 F. SCHILLER: Über naive und sentimentalische Dichtung (1795-1796), in: Werke in 2 Bden., hrsg. v. P. Stapf, Wiesbaden (Vollmer) o. J., II 678-750, S. 681.

14 A.a.O., 681.

15 A.a.O., 684.

16 A.a.O., 680.

17 A.a.O., 680-681.

18 A.a.O., 679.

19 A.a.O., 689.

h) Das Lied der Flöte und der Kreistanz des Lebens

1 Generell meint W. VON ROHR: Die Sternenstadt des Chaco-Canyon. Das Rätsel der Anasazi-Indianer, in: Terra-X, ZDF, 4. Nov. 1990, *die Flöte* sei bei den Indianern verbreitet von Alaska bis Feuerland; „die Flöte aus Holz, Stein oder Knochen vermag die Sehnsucht nach Ewigkeit auszudrücken". Zur *Trommel* vgl. E. DREWERMANN: Der Trommler. Grimms Märchen tiefenpsychologisch gedeutet, Olten 1987, 21-24. – Zur Geschichte der *Flöten*instrumente vgl. G. SCHECK: Die Flöte und ihre Musik, Mainz 1975, 12-52, bes. 12-15. Flöten gelten allerorten als Geschenke der Götter. Als Urform der Flöte dürfte die aus Rentierknochen gefertigte Einlochflöte der Eiszeit gelten. Vgl. auch R. MEYLAN: Die

Flöte. Grundzüge ihrer Entwicklung von der Urgeschichte bis zur Gegenwart, Bern ³1978, 13-16. – Die erste *Trommel* wurde in *Europa* in einem Gemeinschaftsgrab um 3000 v. Chr. bei Großeibstadt gefunden – „eine Tontrommel, deren Resonanzkörper ein tief eingestochenes, ehemals wohl weiß inkrustiertes Muster trägt und mit einer Tierhaut bespannt war . . . Bereits die Wiederholung ein und desselben Trommeltones, gegliedert in Zeitwerte bestimmter Dauer, ergab ein musikalisches Gebilde, und aus der Rhythmisierung von Schritten, Körperstellungen und Handbewegungen formte sich der Tanz. Im Tanz drückten sich Lebensangst und Lebensfreude aus, verschmolzen religiöse Ekstase, Todesangst und sexuelle Erregung miteinander . . . ‚Die Tanzbewegungen imitieren und dementieren die Macht des Todes.'" S. RIECKHOFF: Faszination Archäologie, Regensburg 1990, 172.

2 OVID: Metamorphosen XI 147 ff.

3 A.a.O. XI 171. – Was die indianische Flöte und ihre festliche Verwendung angeht, so schreibt F. TRUPP: Mythen der Makuna, Wien 1977, S. 77-80, daß die *Makuna* das Yurupari-Fest „zur Erntezeit bestimmter Früchte" feiern. „Im Mittelpunkt dieses Festes stehen sakrale Musikinstrumente, die ein weibliches und ein männliches Prinzip verkörpern und von den Frauen unter keinen Umständen gesehen werden dürfen. – Bei dem männlichen Instrument handelt es sich um eine Trompete, die aus einem etwa 60-70 cm langen Mundstück aus der Chonta-Palme besteht, das vom unteren Drittel an spiralenförmig mit einem Rindenstreifen umwickelt wird und insgesamt eine Länge von einem Meter erreicht . . . Die weiblichen Musikinstrumente . . . stellen Kernspaltflöten dar. Die Länge des Rohrs beträgt ca. einen Meter, und der Luftkanal ist an der Anblasestelle mit Lehm umgeben. Die Regulierung des Luftstromes erfolgt mittels Blätter, die an die Öffnung angebunden werden und verstellbar sind. Diese heiligen Musikinstrumente werden im Wasser versteckt, und nur der Rindenteil der männlichen Trompeten wird vor einem jeden Fest neu angefertigt". „Schon am Vorabend des eigentlichen Festes werden die Instrumente geblasen und die Frauen und die nichtinitiierten Knaben dürfen dann die Maloka nicht verlassen. Außerdem haben die Männer im Haus geflochtene Mattenwände aufgestellt, damit die Instrumente, die vor der Maloka gespielt werden, nicht gesehen werden können. – Am nächsten Morgen ist es dann so weit. Schon bei

den ersten Tönen der herannahenden Instrumente laufen Frauen und Kinder aus dem Haus und verstecken sich in den Maniokfeldern. Die Töne der weiblichen Flöten sind schrill und hoch und die der männlichen Trompeten dumpf und in einem abgehackten Rhythmus. – Die Männer, die im Gesicht mit roter Farbe bemalt sind und einen prächtigen Federschmuck tragen, betreten mit ihren Musikinstrumenten – paarweise und nach jedem zweiten Schritt einknickend – die Maloka. Es wird bis zum späten Nachmittag gespielt und getanzt, ehe die Musikanten mit ihren Instrumenten zum Hafen verschwinden, um diese dort zu verstecken. Während der Zeremonie trinken die Männer aus kleinen Kalebassen das Yajé, ein Halluzinogen, das als Kontaktmittel zu den überirdischen Mächten dient. – Nachdem die sakralen Musikinstrumente weggebracht und wieder im Wasser versteckt worden sind, beginnt der profane Teil des Festes. Nun kehren die Frauen und Kinder in die Maloka zurück, und man tanzt jetzt gemeinsam zu Panflöten und Rasseln weiter. Nach dem Yurupari-Fest soll man vermeiden, in die Sonne zu gehen, da deren Strahlen sehr gefährlich sind. Schon vor dem Fest herrscht ein strenges Speiseverbot, und es darf höchstens Casabe (Maniokfladen) gegessen werden. Besonders schädlich und gefährlich ist es, tierische Nahrungsmittel und die scharfen Paprikaschoten einzunehmen. Außerdem muß sexuelle Enthaltsamkeit geübt werden, bis der Schamane die Tabuvorschriften aufhebt. Bei der Initiation z. B. müssen die Knaben manchmal bis zu einem Jahr fasten und Diät halten. – Im profanen Teil des Festes, der nach dem Abgang der sakralen Musikinstrumente abrollt und an dem auch die Frauen und Kinder teilnehmen dürfen, führt man Tänze auf, bei denen die Bewegungen von Tieren imitiert und einzelne Körperteile, besonders die Geschlechtsmerkmale, der Tiere besungen werden. Vielfach ist hier ein stark betonter Sexualismus festzustellen, der auch bei anderen Tukano-Stämmen vorkommt und im Sinne der Fruchtbarkeit zu verstehen ist." Vgl. auch zum Ritual des Festes W. BOJE: Das Yurupari-Fest der Tuyuka-Indianer, in: Der Erdball, Berlin 1930, S. 387-390. Fragt man nach dem *Sinn* derartiger Riten, so fällt insbesondere erneut der Kontrast zwischen Männlich und Weiblich, zwischen Enthaltsamkeit und Rausch, zwischen Vegetarismus und Verehrung der Tiere auf. Es sind die Pole von Natur und Kultur, deren Unterschied und Einheit, deren Bewußtwerdung und Verschmelzung in den Feiern der Indios begangen wird. Dementsprechend läßt sich wohl auch das Verbot, in die Sonne zu gehen, interpretieren: es ist nicht nur die Nähe des Yurupari *(Milomakis)* zu Sonne selbst, die als Gefahr erscheinen kann, es herrscht offenbar eine Angst, das Element der Helligkeit, der Bewußtwerdung, im Übermaß auf sich wirken zu lassen; der „heilige" Teil der Feier, der sich im Kontext der Trennung von der Natur – und damit von den Frauen! – vollzieht, muß sozusagen aufgefangen und gemildert werden durch einen profanen Teil, der auch die Frauen und Kinder miteinbezieht. – U. Bödiger: Die Religion der Tukano im nordwestlichen Amazonas, Köln 1965, 131 identifiziert *die Flöte* denn auch mit dem getöteten Urzeitwesen selbst: „Die aus der Asche . . . entstandene Palme wird zur Herstellung der Sakralinstrumente, der ‚Jurupari-Flöten‘, von transzendenten Wesen (‚Jurupari bei den Tariana, Dzuri bei den Baniwa) oder den Urzeitmenschen (Tukano, Yahuna) verwendet. Die Instrumente sind die Manifestation des Urzeitwesens, sie tragen bei Aruak-Stämmen seinen Namen. ‚Kuai‘ oder ‚uáli‘ heißen die heiligen Flöten bei den Baniwa, ‚ualri‘ heißt das Hauptinstrument von Mannesgröße bei den Tariana. Bei den Tukano des Uaupés werden die Flöten als ‚Knochen des Jurupari‘ bezeichnet, immer jedoch gelten die von ihnen hervorgebrachten Töne als die ‚Stimme‘ des Urzeitwesens". *Milomaki* ist in diesem Sinne die Personifikation des gesamten Schöpfungskreislaufes, dessen „Musik" der Melodien des Männlichen und des Weiblichen bedarf, um sich in Tod und Leben, in Natur und Kultur zu ermöglichen und aufzuführen. Vgl. auch Th. Koch-Grünberg: Zwei Jahre unter den Indianern. Reisen in Nordwestbrasilien 2 Bde., Berlin 1909-1910, I 188; 313-319 zu den heiligen *Flöten* und zu der *Feier* selbst. Zur *Yurupari-Feier* vgl. auch G. Reichel-Dolmatoff: Amazonian Cosmos. The Sexual and Religious Symbolism of the Tukano Indians, Chicago – London 1971, 166-171, der vor allem auf die soziale Komponente der Feier hinweist, zu der „Tage oder Wochen vorher die Mitglieder anderer Phratrien wie der Pira-Tapuya, Tukano und Uanano eingeladen worden sind". Deutlich unterscheidet er *die zwei Phasen* des Yurupari-Festes: „Die erste ist feierlich und drohend, sie gilt der Trennung der Geschlechter, die zweite ist fröhlich und sucht die Vereinigung." (169) Als Hintergrund der Zeremonien referiert er eine von der *Milomaki*-Mythe abwei-

chende Erzählung der *Desana*, wie „der Sonnen-Vater Inzest verübte", indem er seine eigene Tochter vergewaltigte, die noch nicht die Pubertät erreicht hatte. Diese Szene ereignete sich an den Wainambí-Stromschnellen, am Fuß eines *vahsúpë*-Baumes, und an den größeren Geröllblöcken am Ufer kann man noch Markierungen in Stein sehen, Erinnerungen an diese Gewalttat: der Eindruck des Hinterns des Mädchens, die roten Blutflecken und eine reihe kleiner Löcher, wo sie urinierte. Der einzige Mitwisser der Gewalttat war ein kleines Insekt, die Gottesanbeterin . . . Das Insekt hörte das Gelächter der Tochter der Sonne und ging näher, um zu sehen, was geschehen war. Als Mitwisser des Geschehens verwandelte sich das Insekt in eine Person (die Mythe gibt keine weiteren Details) und stellte eine Trompete her, die erste Flöte des Yurupari, und gebrauchte sie, um das Verbrechen öffentlich anzuzeigen, das es beobachtet hatte. Auf den Felsen von Wainambí kann man noch einen Kreis (oder eine Spirale) sehen, die die Stelle markiert, wo es das Mundstück der Flöte hingelegt hatte. Der Ton, den dieses Instrument hervorbrachte, war dunkel und drohend, denn er verkündete die Existenz einer großen Sünde, und das Instrument selbst roch wie die *bári*-Frucht, die den Geruch der Genitalien der Tochter der Sonne trägt. – Doch die Mythe geht weiter mit der Erzählung von einer neuen Stufe der Entwicklung. Einige Zeit nach Einführung der Flöten und des zeremoniellen Spiels mit ihnen, noch während der Zeit der Schöpfung, folgten einige Frauen den Männern, als diese zum Anleger gingen, um die Instrumente zu verstecken. Als die Männer gegangen waren, holten die Frauen die Flöten heraus, um sie zu betrachten; sie nahmen sie in ihre Hände und berührten sie mit ihren Fingern. Aber als sie ihre eigenen Körper mit den Händen berührten, die die Flöten berührt hatten, wuchsen plötzlich Haare an ihrer Scham und unter den Achselhöhlen, Stellen, die vorher kein Haar getragen hatten. Als die Männer zum Anleger zurückkehrten, verführten die Frauen sie, und obwohl sie zu derselben Phratrie gehörten, verkehrten sie mit ihnen. Einzig nach übernatürlichen Strafen, die der Mythos nicht beschreibt, waren die Männer imstande, wieder Ordnung herzustellen. – Seither sind die Regeln in Geltung, die in der Gegenwart beobachtet werden. – Diese fragmentarische Mythe zeigt uns erneut den Übergang von Schöpfung zu Chaos infolge verbotener sexueller Handlun-

gen, gefolgt von der sozialen Ordnung in den Bestimmungen der Exogamie-Regel. Seither werden die Flöten periodisch gespielt als Erinnerung an jene große Sünde. Doch indem die Erinnerungsfeier zu ihrem Gegenstand das Verbot des Inzestes hat, zeigt sie auch an, welche sexuellen Beziehungen zu erlauben sind. Nach der erinnernden und drohenden Phase kommt eine Phase sexueller Erregung, während deren die erlaubten Beziehungen symbolisch ausgedrückt werden. – Wir können diese Interpretation nun vervollständigen durch die Analyse einiger Details der Geschichte. Wir sagten, es gebe zwei Flöten, eine männliche und eine weibliche. Von dem Ton, den die männliche hervorbringt, sagt man, er sei *poré-e-e-e*, was man interpretiert als *koré* = Vulva. Wenn man in das Mundstück bläst, wechselt der Ton *k* notwendig zu *p*, aber alle kennen die erotische Bedeutung des fraglichen Tones. Man muß hier sagen, daß das Wort *koré* als reichlich obszön betrachtet wird und daß in Unterhaltungen normalerweise das Wort *sibiá* dafür eingesetzt wird (von *sibi* – Kitzler, ein Ephemismus für Klitoris). Die konische Form des Instrumentes wird mit der Klitoris verglichen. Wenn die Flöten sich der Maloca nähern, rufen die Frauen und Mädchen, die in der Nähe versteckt sind, einander ‚bibi, bibi‘ zu, ein Ausdruck der Verachtung und Zurückweisung, aber sie lachen dabei laut, zur Nachahmung der Tochter der Sonne vor dem Koitus. Diesen Ruf imitiert der *sibí*, ein Vogel, dessen Gesang von böser Vorbedeutung für einen Jäger ist (der, nicht nur symbolisch, ein Mann ist, der sexuell erregt ist). Wenn sie rufen *bí-bí*, möchten die Frauen ihren Wunsch ausdrücken, daß ‚ein böses Schicksal sie verschonen werde‘, d. h. daß sie die Sünde des Inzests nicht begehen werden. Der Ton der weiblichen Flöte andererseits ist grell monoton und drohend. Er läßt sich beschreiben als ein langgezogenes *li-li-li-li-li*. Während die männliche Flöte anregt und auffordert, weist die weibliche zurück und droht." (167-170, eigene Übers.) Insgesamt schließt G. Reichel-Dolmatoff mit der Bemerkung eines Informanten: „Yurupari ist nicht eine Person; es ist ein Zustand, – es ist eine Warnung, keinen Inzest zu begehen und nur Frauen von einer anderen Gruppe zu heiraten. – Entsprechend unseren Daten ist diese Deutung des Yurupari die einzige, die alle Tukano-Stämme dieser Zeremonie geben, insbesondere die Desana, Tukano und Uanano, aber vielleicht auch ihre Nachbarn." (171)

– Verglichen mit der *Milomaki*-Mythe, muß man sagen, daß die Trennung der Geschlechter gewiß auch der Inzestvermeidung dienen dürfte, daß aber das Thema dieser Erzählung zentral *nicht* eine Art Sündenfall durch Vaterinzest und Sippeninzest darstellt, sondern *die Tötung des Kulturheros*, dessen Ankunft die Kultur und Fruchtbarkeit gebracht hat. Die Problematik des „*Inzestes*" muß hier selber symbolisch genommen werden, statt in ihr eine letzte Antwort zu sehen: Der Rückfall in den Zustand bloßer Natürlichkeit (und Sterblichkeit!) ist die Gefahr, welcher das Arrangement der zeitweiligen Trennung der Männer von den Frauen und Kindern wehren will. – Zum *Sinn* des Inzest-Tabus vgl. N. SIDLER: Das Inzest-Tabu, in: G. Völger – K. v. Welck (Hrsg.): Die Braut. Geliebt – verkauft – getauscht – geraubt. Zur Rolle der Frau im Kulturvergleich, Köln (Ethnologica NF 11), 2 Bde., 1985, I 2-78, der (S. 78) resümiert, mit dem Inzest-Tabu sei „die biologische, natürliche Einheit der Blutsverwandtschaft aufgebrochen und . . . zu sozialen Einheiten" erweitert, „das Inzesttabu ist Anstoß und Beginn der Interaktion und Gruppierung auf der nicht-biologischen Grundlage sozialer Vereinbarungen". – W. SAAKE: Kari, der Kulturheros, feiert mit den Baniwa-Indianern das erste Dabukuri-Fest, in: Staden Jahrbuch, Bd. 7-8, São Paulo, 1959-60, S. 193-201, schildert im Kontrast die Gemeinschaftstänze von Mann und Frau bei den Freundschaftsfesten der Aruaks.

4 E. DERMENGHEM: Mohammed in Selbstzeugnissen und Bilddokumenten, übers. aus dem Franz. v. M. Gillod, Hamburg (rm 47) 1960, 152-53.

5 A.a.O., 152-153.

6 Vgl. E. DREWERMANN: Strukturen des Bösen. Die jahwistische Urgeschichte in exegetischer, psychoanalytischer und philosophischer Sicht, 3 Bde., Paderborn 1976-77, 1. Bd., 3. erw. Aufl. 1981, Nachtrag S. 378-389: Von der Geborgenheit im Ring der Zeit.

7 Vgl. M.-G. WOSIEN: Sacred Dance. Encounter with the Gods, New York – London 1974; dt.: Tanz im Angesicht der Götter, übers. v. M.-G. Wosien, München 1985, 15-16: „Das Begehen von Totenritualen basiert auf dem Glauben, daß der Tod nur einen anderen Aspekt des Lebens darstellt . . . Das tänzerische Umkreisen . . . des Scheiterhaufens war allgemeine Sitte, als Anrufung der Lebenskräfte und zum Schutz gegen die Mächte der Finsternis. Zusammen stellen die lichten und dunklen Aspekte des Lebens eine ausgewogene Einheit dar". – Gerade so wird man die zwei Phasen der *Milomaki*-Feier verstehen müssen. – Zur Musik-Tanz-Therapie vgl. G. BECK: Die Mikrostruktur im Musiktherapie-Prozeß, in: Musik-, Tanz- und Kunsttherapie, 1. Jg. 1990, 34-41, der vor allem die Bedeutung des „Eintönens" zwischen Therapeut und Patient hervorhebt (S. 40).

8 Vgl. M.-G. WOSIEN: A.a.O., 27, wo die Kreisbewegung, entsprechend dem Maro-Tanz beim Hainuwele-Fest, in zwei Richtungen gedeutet wird: von rechts nach links, in Richtung der Involution und des Todes, dann von links nach rechts, in Richtung von Evolution und neuer Geburt. „Beide Tanzrichtungen zusammen bedeuten die Fortdauer des Lebens über den Tod hinaus, als Hinweiszeichen auf die Unsterblichkeit." – Interessant ist in diesem Zusammenhang eine Links- bzw. Rechtspolarität im alten Europa zwischen Mann und Frau bereits in den Gräbern der Schnurkeramiker (2.800-2.300 v. Chr.), die in ihren Einzelgräbern Männer auf der rechten, Frauen auf der linken Seite beerdigten; gerade umgekehrt hielten es die Glockenbecher-Leute, die ihre Männer auf der linken, ihre Frauen dagegen auf der rechten Seite liegend beisetzten (ca. 2.600-2.300 v. Chr.). Die Polarisierung der Geschlechter selbst zeigt sich indessen hier wie dort. Die Ausrüstung der Männer mit ersten Kupferdolchen, gewöhnlich aber mit Pfeil und Bogen in den Gräbern der Glockenbecherkultur war wohl mehr symbolisch als kriegerisch gemeint, aber sie „trennte den Mann von der Frau, den Krieger vom Knaben und den Anführer von der Gruppe." S. RIECKHOFF: Faszination Archäologie, Regensburg 1990, 178.

9 DSCHELALADDIN RUMI: Aus dem Diwan, aus dem Persischen übers. und eingel. v. A. Schimmel, Stuttgart (reclam 8911) 1964, 45-46.

10 A.a.O., 60.

11 Zur Gestalt des *Orpheus* vgl. K. KERÉNYI: Pythagoras und Orpheus (1934-37), in: Humanistische Seelenforschung, München – Wien (Werke I) 1966, 15-51.

12 Vgl. K. KERÉNYI: Dionysos. Urbild des unzerstörbaren Lebens, München – Wien (Werke VIII) 1976.

13 Zur Gestalt des *Adonis* vgl. J. G. FRAZER: The Golden Bough, 3 Bde., London 1890; 3. Aufl. 10 Bde., London 1911-1935; Nachtrag 1936; abgek. Ausg. 1922; danach dt.: Der goldne Zweig. Das Geheimnis von Glauben und Sitten der Völker, übers. v. H. v. Bauer, Leipzig 1928, 523-562; 697-710. H. GESE: Die Religionen Altsyriens, in: H. Gese u. a.: Die Religionen Altsyriens, Altarabiens und der Mandäer (Die Religionen der Menschheit, X 2), Stuttgart – Berlin – Köln – Mainz 1970, 3-232.

14 Zur Gestalt des *Osiris* vgl. G. ROEDER: Urkunden zur Religion des Alten Ägyptens, übers. u. eingel. v. G. Roeder (1914), Düsseldorf – Köln 1978, 15-21.

15 Zur Gestalt des *Attis* vgl. J. G. FRAZER: Der goldene Zweig, s. o. Anm. 13, S. 523-562.

16 Zur Gestalt des *tanzenden Shiva* vgl. H. ZIMMER: Myths and Symbols in Indian Art and Civilization, New York 1946, dt.: Indische Mythen und Symbole, übers. v. E. W. Eschmann, Düsseldorf – Köln 1972, 186-187: „Shiva ist die Personifikation des Absoluten . . . Er ist die Verkörperung des Über-Todes . . . Shiva ist . . . Große Zeit, Ewigkeit, der Verschlucker der Zeit . . . aller Zeitalter . . . Er führt den Rhythmus und Wirbel ins Nichts zurück, indem er alle Dinge, alle Wesen, alle Gottheiten in dem kristallklaren, bewegungslosen Meer der Ewigkeit auflöst, von dem aus gesehen nichts Wirkliches geschieht. Aber als Shishu wiederum, das kleine Kind, der zunehmende Mond, ist Shiva ganz Entzücken und das Verheißungsvollste zu schauen, sanft, doch unwiderstehlich, ein Versprechen auf Leben und Lebenskraft . . . So ist Shiva gleichzeitig etwas Entgegengesetztes: archetypischer Asket und archetypischer Tänzer. Auf der einen Seite ist er die totale Rache, nach innen gewandt, in sich selbst versunkene Stille, eingegangen in die absolute Leere, wo alle Unterscheidungen schmelzen und sich auflösen und alle Spannungen zur Ruhe gekommen sind. Auf der anderen Seite aber ist er totale Aktivität des Lebens, rasende, ziellose und spielerische Energie. Diese Aspekte sind die dualistischen Manifestationen einer absolut nicht-dualistischen letzten Wirklichkeit." Der *Milomaki* der Yahuna hat religionsgeschichtlich durchaus nichts zu tun mit dem *Shiva* der Hindus. Aber als „archetypischer Tänzer" betritt der indianische Kulturheros den Boden des gleichen kosmischen Geheimnisses aus dem Geiste der Musik wie sein indisches Gegenbild, und gerade der Wechsel von Introversion und Extraversion, von Systole und Diastole, von Erkenntnis und Ekstase beschreibt besser als alle Theorien der „Inzestvermeidung" den Sinn der *zwei Phasen* der Feier *Milomakis* auf dem Tanzplatz vor der Maloka. – J. E. BERENDT: Nada

Brahma. Die Welt ist Klang, Frankfurt 1983; Neudruck: Hamburg (rororo 7949) 1985, 45, beschreibt den Sinn der metaphysischen Offenbarung der Musik in den verschiedenen Religionsformen der Völker mit den Worten: „Wir leben gleichzeitig auf verschiedenen Ebenen. Im Hekhaloth, dem Buch der himmlischen Sphären der Juden, wird gesagt, daß jedesmal, wenn eine neue Seele sich manifestiert . . . sie eine Vibration erzeugt, die mit dem ganzen kosmischen Ozean kommuniziert . . . Jedes Geschöpf ist die Kristallisation eines Teils dieser Symphonie der Vibrationen. So gleichen wir einem Klang, erstarrt in solider Materie, der fortfährt, unaufhörlich zu klingen – und das Wort ward Fleisch – und das Wort ward Fleisch . . . Du mußt reine Vibration werden, um fortzuschreiten zu der nächsthöheren Ebene – und immer weiter zu höheren." – Übertragen auf die Mythe von *Milomaki*: es kommt darauf an, den Tanz des Todes und des Lebens so aufzuführen, daß die eigene Seele, dem Beispiel des Vorbildes folgend, sich aus der Gefangenschaft von Raum und Zeit löst und, dem Kolibri gleich, emporfliegt zum Himmel. – Es ist derselbe Gedanke, den L. Rinser: Die Aufgabe der Musik in der Gesellschaft von

heute. Vortrag am 03. 09. 85 zur Eröffnung der Berliner Festwochen, Frankfurt 1986, 26: so darstellt: „Stockhausen schrieb, seine Musik diene der Vorbereitung auf die Ankunft von Wesen von anderen Sternen . . . Isang Yun drückt sich weit weniger kühn aus, aber sein Ziel ist ebenfalls kühn: der Aufbau einer neuen Erde, der aus der politischen und spirituellen Versöhnung von östlicher und westlicher Welt entstehen kann." L. Rinser zitiert Dschuang Dsi (S. 27): „Ein Mann berichtet dem Gelben Kaiser von seinem Eindruck beim Hören jener Musik, die er Sphären-Musik nennt: ‚Als ich den ersten Satz hörte, bekam ich Angst; beim zweiten Satz wurde ich erschöpft; beim dritten Satz war ich verwirrt: unaussprechliche Unendlichkeitsgefühle stiegen in mir auf, und ich verlor mich selbst.' – Der Kaiser antwortet: ‚Es konnte nicht anders gehen. Ich machte die Musik mit menschlichen Mitteln, sie aber stellte Himmlisches dar. Sie paßt sich den Ordnungen des Himmels an.'" Zum Gedanken der Schöpfung als eines göttlichen *Spiels* vgl. V. Sommer: Das schöpferische Spiel, in: Geo Wissen, Nr. 2, 7. 5. 1990, S. 64-70, der an die griechische Mythe erinnert, wonach in der Grotte am Ida-Gebirge auf Kreta die Amme Adrastea

die Kugel „Sphaira", den Weltenball, verfertigte, um ihn dem heranwachsenden Zeus als Symbol seiner Macht zu schenken; ähnlich spielt das Dionysos-Kind mit den goldenen Äpfeln der Hesperiden; und das Jesus-Knäblein der christlichen Darstellung trägt spielerisch die Weltkugel in den Händen (68). Es ist eine ungeheuerliche, an Heraklit gemahnende Vorstellung, die das Christentum eigentlich stets als heidnisch verworfen hat, daß diese Welt regiert werde von einem spielenden Kind, nicht von einem allwissenden Gott; nicht das Gute, sondern das Lustvolle, das Überraschende, das Wagnis zwischen Gewinnen und Verlieren wäre dann der „Sinn" des Lebens. Es ist die Chaosforschung, die heute derartige Gedanken nahelegt.

17 F. Nietzsche: Also sprach Zarathustra. Ein Buch für alle und keinen (1883-84: Teil I-III; 1885: Teil IV), München (GG Tb. 403) 1960, 244.

18 M. Kaléko: Heute ist morgen schon gestern. Gedichte aus dem Nachlaß, hrsg. u. eingel. v. G. Zoch-Westphal, mit Federzeichnungen v. H. Wolniak, Berlin 1980; Neudruck: München (dtv 10102) 1983, 80.

Weitere Titel von Eugen Drewermann im Walter-Verlag